中國學術思想 研究輯刊

十七編

林慶彰 主編

第 22 冊

朱子倫理體系之考察

鄭素伊 著

花木蘭文化出版社

國家圖書館出版品預行編目資料

朱子倫理體系之考察／鄭素伊 著 — 初版 — 新北市：花木蘭
文化出版社，2013〔民 102〕

序 2+ 目 2+160 面：19×26 公分

（中國學術思想研究輯刊 十七編：第 22 冊）

ISBN：978-986-322-412-9（精裝）

1.（宋）朱熹　2.學術思想　3.倫理學

030.8　　　　　　　　　　　　　　　　102014760

ISBN-978-986-322-412-9

9 789863 224129

中國學術思想研究輯刊
十七編　第二二冊　　　　　　　ISBN：978-986-322-412-9

朱子倫理體系之考察

作　　　者　鄭素伊
主　　　編　林慶彰
總 編 輯　杜潔祥
出　　　版　花木蘭文化出版社
發 行 所　花木蘭文化出版社
發 行 人　高小娟
聯絡地址　235 新北市中和區中安街七二號十三樓
　　　　　　電話：02-2923-1455／傳真：02-2923-1452
網　　　址　http://www.huamulan.tw 信箱 sut81518@gmail.com
印　　　刷　普羅文化出版廣告事業
封面設計　劉開工作室
初　　　版　2013 年 9 月
定　　　價　十七編 34 冊（精裝）新台幣 60,000 元

朱子倫理體系之考察

鄭素伊　著

作者簡介

鄭素伊,加拿大 Queen's University 英美分析哲學 碩士 (1997) 畢業後,在東海大學的蔡仁厚恩師之指導下,學習中國哲學。碩士學位論文(2000)是「朱子倫理體系之考察」。以後,在韓國國立首爾大學寫了「丁若鏞心性論之變遷和展開」取得韓國哲學博士學位(2010)。現在首爾西江大學國際人文學部宗教學(儒教)專攻助教授。學術關心(area of interest)包括:儒教 性理學,實學,韓國宗教,中國哲學史。

提　要

　　本論文考察朱子之倫理體系。在學術界中對朱子的道德哲學已有許多廣泛而深入的研究;然學者們的研究方法,往往是以朱子思想發展及演變為主的歷史式的考察(縱貫研究法),或者是列舉朱子學說的各種論點,即範疇式的研究(橫貫研究法)。本論文是從朱子的道德觀中,抽出關鍵性的論點,釐清各論點之間的關係及脈絡。因此,本文所探討的範圍限於朱子晚年較為穩定的論點,故在時間的範圍上,沒有縱貫研究法之深遠。且因本文只抽出有關朱子道德問題的相關論點,故論點之種類,亦沒有橫貫研究法之廣泛。

　　筆者在本論文裡,企圖顯現朱子哲學(尤其是在道德問題上)的各種論點,有其內在的邏輯結構。在此目的下,將朱子的道德觀首先分解為心性論、理氣論及工夫論三段,該是合乎自然。朱子心性論是探討道德主體如何能夠實現道德;理氣論是說明道德本體之客觀、形上根據;工夫論是討論道德主體如何實踐道德之方法,以實踐來彌補主觀心性論和客觀理氣論之差距。

　　本論文首章成為一篇甚長的導論,考察「倫理系統」之含意及方法。從討論中西倫理學重點之不同出發,探究儒家之兩大系統,然後顯示朱子的道德觀就屬於儒家之「他律道德系統」。首章之主要目的在談及朱子道德哲學的時代意義。即證明朱子的思想除了在中國儒家傳統裡,自有開出並完成一派完整的系統的意義之外,還具有其他意義,即:在嚮往東西思潮交流的今天,朱子倫理系統能夠提供給現代西方倫理學一些互相匯通的思想線索。

　　第二章到第四章各討論朱子的心性論、理氣論及工夫論。第二章首先澄清朱子對心、性和情之看法,並陳述朱子「心性情三分」之架構。這一章亦分析朱子的「人心道心說」及「仁說」,進一步地考察這兩個論點在朱子倫理體系之位置。

　　第三章是說明朱子的理氣論。在道德形上必然根據的問題上,朱子有「理氣二分」之結構。筆者考察理氣之本質、關係及特性之後,探討人類和其他事物之理氣異同之問題,以顯現朱子的用心,乃是在於解決為什麼只有人能夠(且必須)實踐道德之問題。

　　第四章是探討朱子的兩種工夫論,一是向內收斂心情之涵養察識(居敬)工夫,二是向外擴充知識之格物致知(即物窮理)工夫。在此簡略地說明這兩種工夫必須互發、相輔相成,才能達到朱子所謂「豁然貫通」之境界,即「下學與上達」的聖人之境界。

　　第五章是本文之結論,整理朱子心性論、理氣論、工夫論之互相關聯。此亦可謂是朱子倫理體系之綜合,證明朱子各種論點之一致性。因朱子哲學範圍之龐大,又因筆者對歷史考證之不足,故本論文不能稱為朱子哲學之綜合研究,然以上述的基本架構為基礎,希望此後能夠發展對朱子倫理思想較深入的研究。

序

東海大學榮譽教授　蔡仁厚　撰

　　朱子，是中國儒學史上的不朽人物。從經教（經典教育）、文教（人文教化或文化素養）上看，朱子的貢獻是其他理學家難以比匹的。他遍註群經，自撰《周易本義》、《詩經集傳》，又遺命人蔡沈撰《書經集傳》，而《禮記集說》也是朱子後學陳澔所撰。而《四書集註》更由朱子的「論、孟集註，學、庸章句」所合成。從此《四書》與《五經》，便合為儒家之大經典。天下士子，莫不誦習。而禮樂教化中的《朱文公家禮》，至今仍為民間所依循。

　　雖然，在心性義理上，朱子那龐大的性理系統，經由近世學者之分判，而定為儒學中的「橫攝系統、他律道德系統」。不過「他律」雖不同於「自律」，卻同樣可以成就道德，教化群倫。故「橫攝系統、他律道德」的朱子，在「經教、文教」上的地位，仍然是非常偉大的。至於「繼別為宗」的分判，則請參考拙著《哲學史與儒學論評》，學生書局版，頁 351-359，「繼別為宗」與「別子為宗」一文。茲不詳論。

　　本論文的主旨，是討論朱子的倫理體系，所以特就朱子在儒學大背景下的定位，先作如上之說明。

　　韓國鄭素伊博士，十多年前，在加拿大完成西哲碩士學位之後，忽然轉向要研究中國哲學。她父親鄭仁在教授深許女兒之志，乃促使她來東海大學，從我學習先秦儒學與宋明理學。素伊資稟聰慧，學而能入。無論思想義理或語文表達，皆有超軼凡庸之表現。而以思親情切之故，修畢碩士學位後，即轉漢城大學修博士學位。

　　素伊在東海大學完的碩士論文《朱子倫理體系之考察》。分五章進行討論。全文之網領脈絡，皆明通條達，循循然理序分明。第一章，先對倫理體

系提出總的考察，從中西倫理學之異同，到中國儒家「自律」與「他律」兩大系統之說明，接下來再對朱子的倫理體系作提要式之論述。第二章，對朱子「心性情三分」的思想格局，分為四節十三目加以疏導。第三章，對朱子的理氣論，分為四節十一目進行論述。第四章，對朱子的工夫論，分為三節七目提出說明。第五章，從「理一分殊」、「心統性情」、「天人合一」，分別對朱子倫理體系，做出三層綜合。

依據以上簡單說明，可以出論文撰述者對中國儒家哲學的理解，詮釋，及其語文表達之能力，實已越過一般碩士生而上之。在素伊取得博士學位之後，她父親鼓勵女兒將在東海大學完成的碩士論文，以中文先行出版。同時邀我撰寫序文，以示獎勉。我一直認為，素伊確實是少有的青年女性哲學工作者中的雋才，希望她在此起步之後，繼續精進，成為國際儒學的楨榦。

2012 年 11 月 10 日於台中市椰風名廈之北軒

目

次

第一章　倫理體系之考察

1. 中西倫理學重點之異同

　　本論文是探討朱子的倫理體系，而這一章之所以從中西倫理學之異同談起，其目的有三。第一、賦予朱子倫理體系更大的框架。若只探討朱子的倫理體系，恐怕未免見樹不見林之弊，不知朱子的倫理體系在無數的倫理體系中的位置，亦不知它與其他倫理體系有何異同。本章從中西倫理學之異同為起點，接著討論中國儒家之兩大系統，然後才討論朱子的倫理系統。此安排是從寬到窄、由大到小，先鳥瞰整片樹林後再仔細研究樹的結構。

　　第二、賦予朱子倫理體系的現代意義。雖然朱子是一位十二世紀（1130～1200 A.D.）的中國人物，但他的哲理卻不限於中國，亦不限於十二世紀，而是貫古今、通中外。本章從現代的西方倫理學談起，目的在於顯示：不論是十二世紀的中國，或是二十世紀的西方，道德問題實際內容是不曾改變的。研究朱子哲學有多種方法，一是歷史性地研究朱子思想如何演變、如何發展；二是用範疇來研究朱子的種種論點，是辭典式的研究。前者往往忽略「通中外」，後者往往忽略「貫古今」。當然還有結合兩者的研究法，有廣泛地討論某一論點的小題大做的研究法。本論文的重點在於：朱子如何有系統地說明倫理問題。在此我們不關注朱子思想發展的前後過程，只就晚年的「定論」加以討論。但此研究方法容易導致既不貫古今，也不通中外之弊，因此有必要先簡略地討論現代西方倫理學和宋朝時期中國道德思想之異同，以作補充。

　　第三、對朱子倫理體系賦予一個新的評估視域。本章討論中西方倫理學之異同，亦同時談及西方倫理學者的自身評估。研究朱子的道德思想的學者

們，他們對朱子哲學的評估常常是籠統的，如朱子是宋明理學的「集大成」、設立宏偉系統的思想家等。當然亦有比較具體的評價，如朱子的論點有什麼矛盾之處、他的思想對中國的傳統有什麼貢獻等。本章陳述一些西方學者對德行倫理學的評估，使我們有機會換一個角度來觀察中國儒家系統。

（1）西方倫理學與德行倫理學：中西倫理學匯通之可能性

或問：西方倫理思想五花八門、千變萬化，我們該從何處談起？我們如何知道哪一個思想家、哪一套理論有與儒家互相呼應的潛力？我們到底可否與西方人談論仁義禮智？我們不妨打開有關西方倫理學的書本看看，不論是多麼基本、簡單的，總會發現近代出現的兩大學派，即以康德為主的義務論與以穆勒（J. S. Mill）、邊沁（G. Bentham）等人之效益主義為主的目的論。此兩派學說不僅能夠「代表」近代以來的西方倫理思想之主流，其影響力至今未曾減弱〔註1〕。然而，二十世紀後半葉卻產生一個有趣現象。忽然間，有一些倫理學家覺醒似地說：「我們對德行忽略太久了！」

這些倫理學家自成一家之言——「德行倫理學派」。此學派之所以出現，主要是因為對近代倫理學〔註2〕之發展情況深感不滿。西方自近代以來很重視「客觀性」與「普遍性」，在談論道德時也不例外。談「客觀」，道德理論之重點自然落在外顯的行為上，問「我應該作什麼？」，而不問我們主觀的感受、動機是什麼。又因談「普遍」，所以他們希望找到一些「原則」或「規範」人人必須遵守，不管個人是否願意，是否感到有其需要〔註3〕。所以無論義務論或目的論，他們只探討「義務」、「權利」、「責任」，或「理性」、「正當性」、「理由」而擱置一些有價值的東西，譬如愛、友誼、感情、同胞情感和社群等〔註4〕。我們很

〔註1〕 參考《倫理學》，林火旺著（台灣五南圖書出版有限公司，民國88年初版）。在第七章，第一節「當代倫理學理論的困境」說：「當代規範倫理學的重要理論幾乎可以歸類為目的論或義務論兩種」（153頁）。其他如 *The Elements of Moral Philosophy*（James Rachels，U.S.A.：McGraw-Hill, Inc.，1993），亦可參考。

〔註2〕 「德行倫理學」之創始者 G.E.M. Anscombe 說：「關於道德哲學的英文著作，從 Sidwick 到現在，其中之差異不大重要」（"Modern Moral Philosophy" *Philosophy*，33，1958）。可見他們的不滿是針對整個（主要的）近代倫理學理論。

〔註3〕 康德雖然強調「自律原則」，但他還不足以說明「自由（善）意志」的來源（他認為此乃三大假設之一）。

〔註4〕 參考林火旺（看註1），154頁。

可能有理由遵守一些規則，像不侵犯他人之所有等，但此似乎與我們之感受無關。我們也相信有一些東西是應該做的，像孝順父母、慈愛子女、信任朋友等，但如果我們去作這種行為只是因為這些是「義務」的話（如遵守法律規矩似的），未免歪曲「孝順」、「慈愛」、「信任」之本意。有一位當代倫理學者把這種「理由與動機之分裂」稱為「道德上的精神分裂症」（moral schizophrenia）。〔註5〕

　　德行倫理學對近代倫理學之批評是很詳細的。然而，除了批評以外，他們比較積極的主張卻是意外地簡單：我們需要少談義務，多談德行。我們需要多多瞭解情感是什麼，德行的定義是什麼。

（2）德行倫理學之優點：德行倫理學與儒家之共同點

　　雖然德行倫理學派的主張是如此簡單、不夠成熟，且見解不一，但他們的立場至少仍有三個比以前的倫理學優秀的地方。第一、他們重視德行、動機，而問「我應該成為什麼樣的人？」（與「我應該作什麼？」對比），使得個人的主觀心理狀態與客觀行為調和起來。這一點在上一段已作解釋，在此不加討論。第二、他們不堅持「普遍」或「公平」，對個人與個人之間的特殊關係有比較圓滿的說明。譬如，父母慈愛自己的子女，子女孝順自己的父母，但同樣的父母不一定愛其他孩子，而同樣的子女不一定孝順其他父母。這可能被認為是「不公平」，但這還是人之常情，而且是非常有價值的情感。強調「普遍」、「公平」的道德理論，不足以說明為什麼如此「不公平」的感情仍然是可貴和有價值的。第三、德行倫理學可以說明「私」與「公」兩個不同領域的道德價值。家庭、朋友關係屬於比較私人的範圍，而政治、法律、經濟行為屬於比較公共的範圍。而我們談「公平」、「普遍」、「義務」、「權利」的時候，這些概念只是針對公共社會的領域，與私人範圍裡面的生活無關。因為德行倫理學的重點在於所有的德行，包括家庭生活內的種種努力，他們贏得許多女性的共鳴與支持。〔註6〕總括而言，德行倫理學關於（1）主觀感情與客觀理性、（2）特殊與普遍人際關係及（3）私人生活與公共社會這三點，對比目前的其他道德理論有比較圓滿、完整、廣泛的說明能力。

〔註5〕看 Michael Stocker 的 "The Schizophrenia of Modern Ethical Theories"（*Journal of Philosophy*，73，1976，p.453）。

〔註6〕以上三點在 *The Elements of Moral Philosophy*（James Rachels，U.S.A.：MacGraw-Hill Inc.，1993，pp.172～5）比較詳細地討論。

　　以上所述的德行倫理學的優點，對熟悉儒家義理的人來說，不單沒有什麼特別之處，而且是不可能想像的，不談德行而談道德之可能性。於此不妨簡略地探討儒家思想之三大特質，與以上三點作簡單的比較。

　　第一、儒家之學即是成德之教，其目的在於成為聖人，成己成德。儒家是生命的學問，其道理是針對人的整個生命而說的。一個人既有情感又有理性；而在正宗儒家系統裡，道德情感即是道德理性（惻隱之心，仁也）。儒者之用心在於將道德情感與理性，通過日常生活之種種行為表現出來，而具體地把道德本體顯現出來。儒家以知（道德情感、理性）、行（具體的行為）之合一為貴，不以單單的知（知識、理論）或單單的行（遵守規則的外顯行為）為貴。

　　第二、儒家未曾排斥「博愛」精神〔註7〕，也未曾否定特殊人際關係中的差別。從《左傳》的「父義、母慈、兄友、弟共（恭）、子弟」〔註8〕到孔子的「子之愛親，命也。」〔註9〕，從孟子的「人倫：父子有親，君臣有義，夫婦有別，長幼有序，朋友有信」〔註10〕到朱熹的「父子、兄弟為天屬，而以人合者居其三焉：夫婦者，天屬之所由以續者也；君臣者，天屬之所賴以全者也；朋友者，天屬之所以賴以正者也。是則所以綱紀人道，建立人極，不可一日而偏廢」〔註11〕，皆表示特殊關係中顯現出來的道德倫理。特殊關係如父子、夫婦、朋友等之間產生的特別情感，不是什麼「不公平」而應排斥的，而是非常自然的、必然的、合乎天道與人道的。對其父母或子女沒有特別的情感，乃是「近於禽獸」、「聖人之憂」也。儒家以「別」為貴，求「和」而不求「同」。關於以上的論點，可參考儒家與墨家之辯（主張「兼愛」）。在此使我們注意的是，雖然儒家重視「特殊」關係，此種「特殊」不是缺乏普遍性的特殊。人人皆有父母朋友，因為我對我的父母的感情是可貴，別人對其父母的感情也應當受到尊重。儒家不要求人對別人的父母視如自己的父母、表示同樣的孝順，而要求吾人對別人的特殊關係有所尊重，因為自己也有同樣的特殊關係。孟子說：「老吾老以及人之老，幼吾幼以及人之幼」〔註12〕，以表達「推己及人」及「和而

〔註7〕儒家之「親親而仁民，仁民而愛物」、「萬物與我一體」等等皆表示此精神。
〔註8〕《左傳》文公十八年。
〔註9〕從《莊子・人間世》引。
〔註10〕《孟子・滕文公上》說：「人之有道也，飽食煖衣，逸居而無教，則近於禽獸。聖人有憂之，則契為司徒，教以人倫：父子有親，君臣有義，夫婦有別，長幼有序，朋友有信。」
〔註11〕張伯行編：《續近思錄》卷六。
〔註12〕《孟子・梁惠王》。

不同」的精神。

第三、關於私人的生活與公共社會倫理之不同，儒家思想裡有一致的調和「公式」。孔子說「己欲立而立人，己欲達而達人」，孟子說「盡心知性知天」，《大學》說「身脩而后家齊，家齊而后國治」，皆顯示後來儒者所謂的「內聖外王」之道。「內聖外王」之道，與第一點所討論的「主觀與客觀」或「知行」之合一一脈相通。「內聖」之學，乃是主觀面的道德實踐，以完成德行人格為目標；「外王」之學，乃是客觀面的道德實踐，以淑世濟民、成就天下事物為目標。內聖一面，是各歸自己，以要求生命內部的合理與調和；外王一面，是由自己出發，而關連著社會人群與天下事物，以要求自己與他人、自己與事物之間的合理與調和。換言之，要求群己關係、物我關係的合理與調和。〔註13〕儒家「內聖外王」之學，不僅僅是告訴人在私人生活與公共社會兩方面都要實踐道德，而指點先後本末、正確的方向。無論主觀面或客觀面的實踐，要想得到合理與調和，都必須從內省修德做起，以培養「德性的主體」。從主觀到客觀，從內聖到外王，則是「推己及人」之正確方向，倒過來只會產生規範性的法律、客觀與主觀的分裂，道德價值真正意義的歪曲。

以上是討論儒家的基本要點，與西方德行倫理學簡單地比較。（1）德行倫理學企圖調和主觀感情與客觀理性，與儒家的道德實踐、「知行合一」可作比較。（2）德行倫理學企圖說明特殊與普遍的人際關係，與儒家「五倫」之普遍性可作比較。（3）德行倫理學企圖兼全私人生活與公共社會，與儒家的「內聖外王」可作比較。然而，以上三點只是初步的共同點；對人的德行、道德價值有關心的任何道德理論學說可能皆具上述見解。至於兩者之間的差異，我們仍然無法作出進一步的比較，此乃因為西方的德行倫理學只有短短五十年的歷史，他們還處在批評近代倫理學的初始階段，還沒有發展出比較詳細、豐富的內容。

（3）德行倫理學出現的背景：中西倫理學重點之分歧

說德行倫理學只有五十年的歷史，並不代表西方人從未談及、或重視德行。道德價值如仁義禮智，不論東西古今，人皆有之。英國哲學家休模（David Hume）在他的《人性論》中談到：「人有自然的德性，如：寬大、博愛、同情、

〔註13〕以上論點參考蔡仁厚，「了解儒家學問的幾個要點」（在《寂寞的新儒家》，牟宗三、唐君毅等者，台灣鵝湖出版社，民國85年再版，25～37頁）。

感恩、友誼、忠誠、熱情、公平、大方，可以總括地稱爲『仁愛』。」〔註14〕語言翻譯雖間或有可譯性的問題，但大概可以看出西方人所講的種種「德目」與儒家〔註15〕的「惻隱、辭讓、羞惡、是非」之情，沒有巨大的鴻溝。事實上，西方自古希臘時代開始便重視德性問題，而亞理斯多德倫理學不外是以德性爲基礎的人生觀；當代德行倫理學者談到的內容，十之九八是亞氏之觀點的延伸、解釋及分析而已。而且，有關德行與人格修養等觀念在西方社會中的地位，以及從其研究之數量與質量〔註16〕而言，未必亞於東方。可是德行問題如仁義禮智，在近代以來的西方哲學界裡（尤其是在道德哲學方面），爲什麼如此地不成氣候呢？歸根結底，我們眞的能跟西方人談仁義禮智嗎？

我們於此略談西方倫理學走「忽略德行」之路的源由〔註17〕。自古希臘以後，中世紀基督教哲學的出現及統治，其精神與要義，皆與古典德行倫理學有相當的距離；然而，雖然人的最高善已不在於人自身，但基督教哲學未曾輕視人對德行之努力。正相反，對神的服從（信仰）要求更純粹的心態（所謂"purity of heart"）、更嚴格的自我控制以及更謹愼的精神修養。清教徒 William Perkins 說道：「天下普遍的正義，就是德行的實踐」〔註18〕。由此可見，對德行的忽略，應該是相當後來的事；到了 16、17 世紀，西方經過神權的瓦解、科學的興起、自然法的盛行等主要的轉變。這時期，在道德哲學方面也有極爲關鍵性的轉向，即 1625 年格勞秀斯（Hugo Grotius）在他《戰爭與和平之法則》的序言簡單地批評了亞理斯多德的德行倫理學。他的批評是簡潔的：他指出人的道

〔註14〕 David Hume，*Treatise of Human Nature*，ed. L. A. Selby-Bigge and Peter H. Nidditch（Oxford，1978），603。英文原文爲：'generosity，humanity，compassion，gratitude，friendship，fidelity，zeal，disinterestedness，liberality，……could be summed up as"beneficence."'

〔註15〕 雖休模所探討的道德情感與儒家正宗的四端確有距離，但與朱子之「氣情」中的「善情」（乃是惻隱、辭讓、羞惡、是非之情）比較之下，休模之道德情感（一種經驗是時）與朱子之善情（氣情）有類似點。

〔註16〕 關於德性、人格修養、自我控制等的研究，大部分屬於心理學之領域。G. E. M. Anscombe 因此認爲道德哲學家需要先弄清楚「哲學心理學」（參考註2）。心理學這一學問，來自西方：不僅心理學的研究方法及學術成果被中國的許多大學所採取，當代盛行的大眾心理學也在民間普及。

〔註17〕 關於西方倫理學史與德行倫理學之間的關係，可以參考 J. B. Schneewind，"The Misfortunes of Virtue,"in *Ethics*（The University of Chicago Press，1990），pp. 42～63 以及 Alasdair MacIntyre，*After Virtue*（London：Duckworth，1985）。

〔註18〕 這句話出現在 William Perkins ed，*The Whole Treatise of Cases of Conscience*（Nieuwkoop，1966），ch. 6，p. 231。

德情感不能有效地導致社會的公正。關於財產、名譽、安全等的社會問題，除了每個人應該遵守「不侵犯別人的所有」這規則以外，其他熱情是多餘的。換言之，每個人的權利（對自己的財產、安全等）是應當被尊重的；而若一個人不侵犯別人的權利的話，我們管不著他背後的動機如何。〔註19〕

　　普芬道夫（Samuel Pufendorf），17 世紀影響力最大的自然法倡導者，繼承格氏（Grotius）的看法而加以發展。他主張我們可以客觀地推理一套道德規範，而我們道德生活主要內容乃是學習及遵守這一套規範。我們推論出來的道德規範則是自然法，其終極根源不是歸於神的權威（啟示），而是歸於個人的權利及義務。對別人與社會，我們有兩種義務，一是「完整」的義務（perfect duty）、二是「不完整」的義務（imperfect duty）。完整的義務是，為了社會的安全及存在，人人一定要遵守，而犯規時則需要訴諸武力或法律行動。完整的義務是清楚明白的、有界限的。相反，不完整的義務像道德情感或各種善良的行為，因為他的界限是不能清楚地列舉出來，我們既不能以法律強迫別人遵守，又沒有像完整的義務那麼急切需要。

　　格氏與普氏對後來倫理學者的影響很大，後來主要的倫理學者如休謨（David Hume），亞當‧斯密（Adam Smith），康德（Immanuel Kant）以及 20 世紀的效益主義者，似乎不能脫離前兩者的影響。普氏之「完整」與「不完整」義務的區別，在休謨的體系中稱之為「不自然」與「自然」義務，而在康德手中則轉變成「法律」與「道德」的義務。休謨、斯密及效益主義者皆較重視前者（斯密與效益主義者完全不談後者），因而不論各哲學體系的區分為何，在這對概念上，招來忽略後者（所謂「德行」）的結果。雖然康德未曾表示「法律」與「道德」義務之間有先後關係，但他把「道德」仍然看成為一種「義務」而強調我們需要遵守一套道德「規則」（譬如，普遍化原則、效益原則等），模糊了德行的自然性以及非規範性。〔註20〕

　　以上探討的「忽略德行的路程」，對當代復興的德行倫理學派來說，是不容輕視的歷史。即使他們重新喚起德行的重要性，若「社會公正」（social justice）的問題無法處理，最後只會步上古典德行倫理學之後塵。

〔註19〕關於 Grotius，參考 Hugo Grotius，*On the Law of War and Peace*，trans. Francis W. Kelsey（Oxford，1925），Prolegomena，sect.43 與 Richard Tuck，*Natural Rights Theories*（Cambridge，1979）。

〔註20〕關於由休謨到康德的發展，詳細的內容在 Schneewind 的"The Misfortunes of Virtue"一文（參註16）。

「不完整」（「自然」、「道德」）義務與「完整」（「不自然」、「法律」）義務的問題，從現代法政哲學的觀點來講，是「個體」與「群體」的問題，而從儒家的觀點來講，則是「內聖」與「外王」的問題。因為各家對此兩項重點之不同，則有不同的道德觀念。偏向於「個體」則有道家；偏向於「群體」則有墨家、法家。〔註 21〕即使注重兩者，若「方向」有所不同，則有不同的道德觀念。西方 16 世紀以來的道德觀，則是以「群體」的安全與幸福保障「個體」的安全與幸福的觀點。當代德行倫理學以及中國傳統儒家的道德觀，則是從「個體」的道德意識出發，導致「群體」的和諧及安定。

（4）對德行倫理學之批評：德行倫理學與儒家之差異點

我們已探討，德行倫理學的基本優點及它對歷代道德哲學之批評。我們亦曾探討，雖然德行倫理學不可能與儒家劃上等號，但他們的基本優點是可以分享的。在此，我們反過來討論其他倫理學派對德行倫理學之批評，以達到如下三個目的：一、我們從此可以看到為什麼西方人比較難瞭解儒家的理由；二、我們從此可以參考，關於哪一點儒家需要補充說明；三、我們從儒家如何面對（答辯）此種批評（質問），可以看出儒家內部不同派別的開展。第一、二點是批評本身所含蘊著；關於第三點，我們在下一節加以討論。

對德行倫理學的評估，是哲學界各派別從各自的立場來評論的；因為各派理論的前提與假設皆不甚相同，評估之間也往往有矛盾的地方。站在儒家的立場，我們可以把各種批評整理、並分成三組。每組有幾個不同的批評及論點。

① 第一種批判

對第一組的問題，儒家有一致的答案。考慮如下的幾個問題：

（i）關於「聖人」的問題：若德行是一種品質、習慣和氣質傾向，我們怎麼知道那一種習慣或氣質傾向才是正確的德行？誰決定那一種習慣是好習慣、那一種是壞習慣？那些行為是應該做、那些不應該做？如果我們是以理想的人格典範（聖人）作為標準，他們的氣質傾向就是德行，他們所做的行為就

〔註21〕我們亦可以將「群體」分成為「社會」與「國家」而論：道家重個人，輕社會、國家；墨家重社會，輕國家、個人；法家重國家，輕個人、社會。詳細內容則在：蔡仁厚，〈個人的地位與人權自由〉（在《儒家思想的現代意義》文津出版社，民國 76 年，93～111 頁）。

是道德上該作的行為，但問題是：誰是理想的人格？那一種人可以稱得上擁有德行的人格？如果答案是：「那些從事道德上正當行為的人，就是有德行的人。」那麼這樣的答案顯然犯了循環論證的謬誤，因為當我們問：「什麼樣的行為是道德上正當的？」時，唯一的解答似乎是：「有德之人所做的行為就是道德上正當的。」所以有一些批評德行倫理學的人認為，強調德行而完全拋棄道德規則是盲目的，因為我們似乎需要道德規則，以作為評價一個人是否有德的標準。〔註22〕而且，如果所謂的「聖人」是一般人所認為的那樣，以利他主義為自己生命的目的，誰願意成為聖人呢？誰願意自己的孩子或父母當成為聖人呢？〔註23〕

（ii）關於「天理」的問題：根據有一些倫理史學者的觀察〔註24〕，德行會隨歷史和時代而轉變，所以亞理斯多德認為的德行和基督徒所認定者並不相同，農業社會認為節儉是一種美德，商業社會則鼓勵消費，果真如此，隨著時代的轉變，什麼樣的人格品質可以稱為德行？各類美德本身的價值是否不同的社會形態而改變？這就是所謂德行相對論的問題。

（iii）關於「德行內容」的問題：（1）加上（2），德行倫理學者面對所謂「不完整性」的問題（the problem of incompleteness）。我們既不知誰是理想的人，又不確定德行是否隨著時代而改變；縱使按照「常識」（common sense）來衡量什麼是德行，我們則會有無限列舉的問題。再加上，因個人或社會所認定的美德之不同，此「無限列舉」內部可能產生衝突，或對同樣的行為有相反的解釋。據此，我們到底如何得知德行的內容？

② 第二種批判

對第二組的問題，儒家內部不同的派別（或系統）有不同的答案。第二組以兩個問題所構成：

（i）關於「成德」本身的問題：此是倫理學最基本、最基礎的問題。我們為什麼要成為道德的人？我們成為聖人的「目的」是什麼？利己主義

〔註22〕以上參考 William Frankena，"A Critique of Virtue-Based Ethical System，"in Louis Pojman（ed.），*Ethical Theory*（Belmont，California：Wadswort Publishing Company，1989），p.307。

〔註23〕這一觀點是 Susan Wolf 在"Moral Saints"（*Journal of Philosophy*，79，1982，pp.419～39）一文裡詳細地討論。

〔註24〕指 Alasdair MacIntyre，參考註16。

者說我們遵守道德規則乃是帶來自己最多好處的方法。效益主義者則說人應該先考慮最多數的幸福，如此可以達到最好的整體效果。基督教徒會說道德規則是神的啟示，人本身沒有資格懷疑此種規則的絕對性及必然性。合約論相反地主張道德規則本身沒有絕對、必然性，它們是人類為了避免衝突及互相傷害而製造出來的；因此人遵守道德規則的目的就是為了減少痛苦而已。西方當代德行倫理學則循亞理斯多德的路線，說明成賢成聖則是完整地實現（actualize）自己的本性而已〔註25〕。在中國的儒家系統裡，繼承孔孟義理的正宗儒家，則有另外的說法。關於最後兩點，我們在第二節再詳細地討論。

（ii）關於「規則」的問題：此問題有兩個部分。（a）德行倫理學問：「要成為什麼樣的人？」，也問人的內心動機為何，而不重視行為本身以及規則。因為重點在於成賢成聖，所以以理想人格作為範例是道德教育的起點；但是這種道德教育方式，應該如何在日常生活中實現？難道不需要通過道德規則？當我們在教育下一代的時候，告訴他們孔子作了什麼，所以我們應該怎麼做，譬如，孔子說：「己所不欲，勿施於人」，所以我們也應該「己所不欲，勿施於人」，但是「己所不欲，勿施於人」難道不會因此而成為一個道德規則？所以反對德行倫理學的人認為，「我們要成為什麼樣的人」是從「我們應該怎麼作」開始，而我們應該怎麼作，就必須涉及規則。因此德行的角色只是配角而已，它具有價值也只是工具性的價值而已。

（b）德行倫理學者強調德行養成的重要性，因為他們不只是希望一個人的行為合乎某些道德規定，而且希望行為者除了合乎規定之外，還能將從事道德的行為內化為一種傾向。反對者則認為，這樣的主張還是要透過道德規則，才能使人養成從事道德行為的習慣。事實上，「要成為什麼樣的人」的理想，一定是經由實踐道德規則之要求而來的，所以以道德規則為主的倫理學，仍然可以養成德行，因此德行倫理學的說法根本是多餘的。〔註26〕

③ 第三種批判

對第三組的問題，傳統儒家未曾留下明確的答案。這大可以視為當代新

〔註25〕此論點之倡導者，有 Alasdair MacIntyre、John MacDowell 等人。參見 Alasdair MacIntyre，*After Virtue*（London：Duckworth，1985），以及 John MacDowell，"Virtue and Reason"（in *Monist*，62，1979，pp.331～50）。

〔註26〕以上兩點，參考林火旺，〈對德行倫理學的評估〉中第三、四點（參註1）。

儒家的課題。第三組以兩個問題所組成：

（i）關於德行之間先後、本末的問題：社會不免會發生種種問題，而往往是「公說公有理，婆說婆有理」的結果。我們如何解決德行之間的衝突？具體地說，一個人面對一定要選甲或乙的情況下，若選甲則有不誠實的結果，而若選乙則有不仁慈的結果。譬如，一個天眞但醜陋的女孩問你：「我美不美？」時，你應該如何回答？若你說「不美」或不回答，則對這天眞女孩而言，是嚴酷的打擊；若你說「美」，則是不誠實的行爲。若要說「動機」，兩種行爲皆由於「仁慈」以及「誠實」等的德行。此種衝突的例子不勝枚舉；我們應該選「父爲子隱，子爲父隱」的原則，還是「大義滅親」的原則呢？那一種德行比較重要呢？

（ii）關於「外王」的問題：如格氏在 16 世紀指出，我們如何使個人內心的道德意識、道德情感有效地導致社會的公正？強調「內聖」會不會妨礙「外王」的發展？即使內聖不妨礙外王，道德意識怎麼能夠具體地解決社會的問題？現代社會裡面種種價值的衝突，如：經濟方面的自由貿易相對國產保護、媒體方面的言論自由相對禁制「猥褻」、科技方面對複製人的支持及反對等等，我們如何將這些問題與個人的道德情感、道德意識連起來思考？

以上是當代學者對德行倫理學之批評〔註 27〕。雖然儒家不等同於德行倫理學，但因爲它們的基本要點如出一轍，儒家亦可考慮上述的批評而建設性地加以利用。而且因爲儒家是理性的學問，而不是宗教的教條，我們有理由相信儒家能夠理性回答至少一部份的批評。因此，站在儒家的立場，我們將主要批評的內容分成爲三組：對第一組的問題，儒家可以回答，且有一致的答案；對第二組的問題，儒家亦可以回答，但有兩種不同的答案；對第三組的問題，儒家仍可回答，但目前還沒有系統性的發展。下一節我們考慮儒家如何處理第一、二組問題，並探討儒家裡兩種不同系統（所謂「自律道德系統」與「他律道德系統」）之間的共同點（處理第一組問題時）與差異點（處理第二組問題時）。

〔註27〕關於比較詳細的批評內容，可以參考：William Frankena 的"A Critique of Virtue-Based Ethical System"（參註 21）Susan Wolf 的"Moral Saints"（參註 22）以及 Robert B. Louden 的"On Some Vices of Virtue Ethics"（*American Philosophical Quarterly*，21，1984，pp.227～36）。

2. 中國儒家的兩大系統

（1）中國儒家兩大系統之共同基礎

　　對德行倫理學之批評中，第一組問題則是關於「聖人」、「天理」及「德行」的具體內容。他們的批評是思辯的。他們認爲我們從不知「聖人」、「天理」及「德行」的具體內容，或縱使知道大概的義理，仍然無法像數學的公式那樣完整地列舉出來，推出我們有理由懷疑它們的存在！由此而生道德相對論、虛無主義、懷疑主義，及進一步合約論〔註28〕等的說法。

　　中國儒家從未懷疑「聖人」、「天理」及「德行」的存在。這並不像宗教那樣需要信徒的絕對信仰。儒家是成德之教，其目的是我們如何在日常生活裡，通過種種德行，把天理（天道、德性）具體地表現出來；而若能夠將自己的德行擴充到天下，便是成爲聖人了。表現德行的具體方式，隨著個人的生活方式之不同、社會環境之不同、時代之不同等等的因素而改變；然而，德行的內容、德行的本質，未必因此而改變。古代聖人之教，幾千年後的今天還使人感化；數千里外發生的殘酷事件，或美好的行爲，仍然使人憤怒或感動。由此可見，改變的是表現德行的具體方式，而永恆的是德行的本質。

　　具體的德行內容，是無法窮盡地列舉的。「聖人」是什麼、「天理」是什麼、「德行」是什麼等問題，西方迄今未有「定論」〔註29〕。對儒家來說，這是極其重要的論點：凡是儒家，他們會留下來他們對「聖人」、「天理」及「德行」的體悟。雖然個人體悟到的內容可能有「宗」與「別」，或「全」與「偏」之差別〔註30〕，但大體的共同點仍然存在。在此，我們不妨簡單地加以討論。

① 儒家的聖人

　　儒家的聖人，乃指堯、舜、禹、湯、文王、周公、孔子及孟子；他們之爲聖人，歷代誰也沒提出過異議。至於聖人之所以爲聖人，以及如何成爲聖人等的問題上，亦有相當一致的看法。孔子說聖人是「博施於民而能濟眾」〔註

〔註28〕合約論（contractarianism）是主張，道德規則（甚至邏輯規則）不是天賦於我們，亦不是絕對的自然規律，而是人類爲了避免衝突所設定的。

〔註29〕像基督教式的「定論」；譬如，儒家沒有像「聖人則是耶穌，耶穌則是聖人」那樣定下來的說法。按照儒家義理，每一個人，不論什麼時代，有成爲聖人的可能性。

〔註30〕尤其是在「天理」的問題上，朱子所體悟的天理與傳統儒家看法不同。

〔註31〕《論語・雍也第六》。

31〕，孟子說：「可欲之謂善，有諸己之謂信。充實之謂美，充實而有光輝之謂大，大而化之之謂聖，聖而不可知之謂神。」〔註32〕《中庸》云：「誠者，天之道也；誠之者，人之道也。誠者，不勉而中，不思而得，從容中道，聖人也！誠之者，擇善而固執者也。」〔註33〕又云：「唯天下至誠，爲能盡其性，則能盡人之性；能盡人之性，則能盡物之性；能盡物之性，則可以贊天地之化育；可以贊天地之化育，則可以與天地參矣。」〔註34〕據此，聖人是從盡其性出發，能夠將自己的德性推廣到天下民眾、天地的事物；即，能「成己成人成物」者而言。做爲聖人不是高不可及，神妙不可測的虛言空談；聖人確是可知的〔註35〕，每個人經過努力可以達到的境界。後來朱子也說：「不要說高了聖人。高後，學者如何企及。」〔註36〕又說：「古之學者，始乎爲士，終乎爲聖人。此言知所以爲士，則知所以爲聖人矣。」〔註37〕此表示做爲聖人與做爲學者（士）並不是兩個截然不同的性質，而只是聖人「做到極至處」〔註38〕而已。所以說：「君子亦具聖人之體用，但其體不如聖人之大，而其用不如聖人之妙耳」〔註39〕以指出聖人之境界，則是人做到賢人、做到君子之後，若能將其德行之體與其德行之用擴充至天下，即，若能夠使天下人民、事事物物感化，此可說是達到聖人的境界了。

② 儒家的天理

儒家的天理，亦有「天道」、「天命」、「太極」、「太虛」、「誠體」、「神體」、「仁體」、「中體」、「性體」及「心體」等的名稱〔註40〕。歷代學者對「天理」

〔註32〕《孟子‧盡心下》。
〔註33〕《中庸‧第二十章》。
〔註34〕《中庸‧第二十二章》朱注：「天下至誠，謂聖人至德之實，天下莫能加也。」
〔註35〕按照孟子，大而不可知的乃是神，學者不以神爲其目標也。
〔註36〕《朱子語類》第四四卷。
〔註37〕《朱子文集卷七十四策》。
〔註38〕《朱子語類》第五八卷。
〔註39〕《朱子語類》第二四卷。
〔註40〕這十種名稱是從描寫天理的不同角度而來的。參考蔡仁厚，〈如何了解「天理」這個觀念〉一文裡說道：
　　1. 就其自然的動序而言，亦可曰「天道」；
　　2. 就其淵然有定向而常賦予（於穆不已地起用）而言，亦可曰「天命」；
　　3. 就其爲極至而無以加之而言，亦可曰「太極」；
　　4. 就其無聲無臭、清通而不可限定而言，亦可曰「太虛」；
　　5. 就其眞實無妄、純一不二而言，亦可曰「誠體」；

的理解可說是相當一貫的：從《詩經》的「天生烝民，有物有則。民之秉彝，好是懿得」〔註41〕及「維天之命，於穆不已。於乎不顯，文王之德之純。」〔註42〕，孔子的「大哉堯之爲君也，巍巍乎唯天之大。」〔註43〕、「五十而知天命」〔註44〕、「知我者其天乎」〔註45〕，《中庸》的「天命之謂性」，《孟子》的「盡心知性知天」〔註46〕，到後來宋明理學家探討的「存天理、去人欲」，儒家的「天理」指出形上的道德本體，與此同時，亦指人可以體現出來的心性本體。儒家的「天」不指西方宗教傳統裡的人格天，亦不指科學傳統裡的自然天。〔註47〕天理、天道不是人類的假設或合約的規則，而是「既超越、又內在」的道德根源。由此可見，儒家的「天理」觀念是承認道德的絕對（超越）體；在儒家的傳統裡，不論什麼學派、什麼系統，不可能產生否定道德的絕對及永恆的學說，即不可能產生虛無主義、相對主義，及合約論等的觀點。

③ 儒家的德行

自孟子對「仁義禮智」的體悟之後，儒家對德行之內容幾乎是定下來了〔註48〕。此與西方的道德傳統有所不同，因爲後者的情況是，隨著時代的變化，哲學家所強調的德行內容也有改變。譬如，亞理斯多德時代重視「寬大」與

---

6. 就其生物不測、妙用無方而言，亦可曰「神體」；

7. 就其道德的創生與感潤而言，亦可曰「仁體」；

8. 就其亭亭當當而爲天下之大本而言，亦可曰「中體」；

9. 就其對應個體而爲個體所以能起道德創造之超越根據而言，或總對天地萬物而可使之有自性而言，亦可曰「性體」；

10. 就其爲明覺而自主自律、自定方向，以具體而眞實地成就道德行爲之純亦不已、或形成一存在的道德決斷而言，亦可曰「心體」。

（參考《儒家心性之學論要》（文津出版社，民國79年，240～1頁。）

〔註41〕《詩經·大雅、烝民》。

〔註42〕《詩經·頌、維天之命》。

〔註43〕《論語·泰伯第八》。

〔註44〕《論語·爲政第二》。

〔註45〕《論語·憲問第十四》。

〔註46〕《孟子·盡心章句上》云：「盡其心者，知其性也。知其性，則知天矣。存其心，養其性，所以事天也。」

〔註47〕這是以孔孟爲主的儒家正宗而言，荀子對「天」的觀念是有「自然天」的意涵。

〔註48〕其實，正宗儒家之「仁義禮智」不能與西方哲學家之各種德目相提並論。前者不僅是「德行」，亦是「德性」、「善心」、「天理」，性質上有所分別。

「友誼」，荷馬（Homer）的英雄時代重視「勇氣」，中世紀重視「純心」與「博愛」，休謨重視「仁慈」，後來倫理學者則重視「正義」與「公平」等，這樣容易給人一種印象：即德行之內容是否隨時代之不同而改變？它能否窮舉出來？中國儒家之所以保持一貫的德目（即「仁、義、禮、智、信」），是因為它以永恆的人際關係（五倫）以及人之常情（四心）為基礎，由此而得「五常」之名。「五倫」指「父子、君臣、夫婦、兄弟（長幼）、朋友」之人際關係，與「仁、義、禮、智、信」互應，人之「常情」指「惻隱之心、羞惡之心、恭敬（辭讓）之心、是非之心」，與「仁義禮智」互應。儒家也有「勇」、「溫」、「寬」、「恥」、「愛」等德目，但此等種德目只是屬於「五常」之內。換言之，「五常」可以統攝它們（如「溫」、「寬」、「愛」屬於「仁」），而它們不可倒過來統攝「五常」（如「愛」不能包括「仁」）。

　　以上探討儒家之特色，即儒家對「聖人」、「天理」及「德行」的觀點。第一節裡，我們談過儒家的三大基本性質，即：(1)主觀感情與客觀理性之統一、(2)特殊與普遍關係之兼全、(3)私人生活與公共社會之圓滿。第一節裡談到的性質，就是以西方德行倫理學分享共同的立場而言；而這一節談到的性質，就是以西方德行倫理學未曾說明、答辯的幾個觀點而言。如上一節所述，第一節裡討論的對德行倫理學的批評中，第一組的問題是儒家可以回答的，且有一致的答案。儒家回答「聖人」、「天理」及「德行」的問題時，我們可以看出儒家系統（兩大系統）之間的共同點。第二組的問題則是關於「成德之目的」與「規則」，我們在此討論儒家兩個系統對此等問題之不同回應。

（2）自律道德系統──道德的形上學

① 問題的提出

　　倫理學、或道德哲學的最為基本的問題之一，是「我為什麼要成為道德的人？」我們有什麼理由實踐道德？不論古今中外，這問題是哲學家們所關注的，譬如，用康德的詞彙，此乃是「純粹理性如何其自身就能是實踐的」的問題了。按照當代新儒家牟宗三先生，以孔孟義理為主的傳統儒家則有圓滿、真實的答案。他說：

> 「純粹理性如何其自身就能是實踐的」，這問題底關鍵正在道德法則
> 何以能使吾人感興趣，依孟子語而說，則是「理義何以能悅我心」。
> 孟子已斷然肯定說：「理義之悅我心，猶芻豢之悅我口」。理義悅心，

> 是定然的，本不須問如何可能。……心即是理；如是，心亦即是「道
> 德判斷之標準」：同時是標準，同時是呈現。此為主客觀性之統一；
> 如是，理義必悅我心，我心必悅理義，理定常、心亦定常，情亦定
> 常；此即是「純粹理性如何其自身即能是實踐的」一問題之真實的
> 解答。〔註49〕

在此可見儒家對「我為什麼要成為道德的人？」這問題的解答，即：做為道德的人，作道德的行為，就是吾心所願意的。而且，吾心之願意這樣，就是道德本體、天理、天道了。儒家的「道德形上學」的系統裡，這是很自然、定然的事實，不用再多問的。若有人認為「本不須問」怎麼可以成為一個問題的答案的話，不妨考察其他學派如何回應相關的問題。如：利己主義者會回答「遵守道德規則乃是帶來自己最多好處的方法」時，追問：「我為什麼要帶給自己好處？」、「我為什麼利己？」、「我為什麼要避免痛苦？」等的話，他們只會以「每一個人自然希望自己有最多的好處」、「人的本性是自私的」或「這是愚蠢的問題，本不須問」來回答問題。同樣道理，若要效益主義者回應：「我們為什麼圖謀最多人之最大幸福？」的問題時，他們亦只會以「幸福越多、越大，就越好，這就是自然原理，而且是人自然所願的」等來回應相關疑問。

那麼，什麼樣的情況下可以問「我為什麼要成為道德的人？」（或「純粹理性如何其自身就能是實踐的」）這一問題呢？牟先生說：

> 問題是在「心」可以上下其講。上提而為超越的本心，則是斷然「理
> 義悅心，心亦悅理義」。但是下落而私欲之心，私欲之情，則理義不
> 必悅心，而心亦不必悅理義，不但不悅，而且十分討厭它，如是心
> 與理義成了兩隔，這時是可以問這問題的。〔註50〕

顯而易見，問題之能否提出，關鍵乃在「心」的本質上。若「心」就是道德本體（天道、天理）的話，「我為什麼要成為道德的人？」這一問題的答案只會是「理義悅吾心，吾心亦悅理義」的循環而已。但若「心」不是道德本體，而與「理義成了兩隔」的話，這問題則變成可分析的問題，可以再三追問的問題了。前者是以孔孟、《中庸》、《易傳》、程明道、陸王為主的儒家正宗之觀點，後者則是以程伊川、朱子為主的儒家「別子」之見解。前者奠立了「主觀」—「客觀」—「絕對」循環的「道德形上學」，即完成「自律道德」系統，

〔註49〕牟宗三，《心體與性體》第一冊（正中書局，民國79年），163～5頁。
〔註50〕同註47，162～3頁。

後者則開了從「主—客」對立（心性情三分）而達到「心理合一」境界的「他律道德」系統。在此先談奠立「道德形上學」的自律道德系統，然後再談「他律道德系統」，並作一比較。

②「道德的形上學」之含意

「道德的形上學」（簡稱「道德形上學」）這一詞，是牟宗三先生在《心體與性體》中爲了顯現儒家之義理系統而始創的。道德形上學（moral metaphysics）所討論的問題，乃是「實現之理與自然、實然者之契合問題」。〔註51〕就其大體內容而言，他說：

> 由應當之「當然」而至現實之「實然」，這本是直貫的。這種體用因果之直貫是在道德踐履中必然地呈現的。其初，這本是直接地只就道德行爲講：體是道德實踐上的體，用是道德實踐上的用。但在踐仁盡性底無限擴大中，因著一種宇宙的情懷，這種體用因果也就是本體宇宙論上的體用因果，兩者並無二致。必貫至此境，「道德的形上學」始能出現。〔註52〕

由此可知，個人的道德情感在實踐過程中，成爲人類普遍、客觀、必然的道德性體，而此種本體終於成爲天理（本體宇宙論之原理）。經過此種主觀—客觀—絕對必然的過程，道德的呈現範圍慢慢擴大。但此主觀—客觀—絕對之間的變化過程，絕不是通過某一種媒介體或是某一種因果原則而「變」的。換言之，天理在個人的具體道德行爲中呈現，因此其必然性（實然）的基礎落在於主觀的道德意志（當然）。在此，主觀—客觀—絕對之過程再還原到主體（主觀）。此過程之最大特色，可謂是互相因果作用，沒有「實然」一定要成爲「當然」之原因，或者「當然」一定要成爲「實然」的原因等的條件；「當然」是「實然」之因也是果，而「實然」是「當然」之因也是果。關於道德的形上學之結構，牟先生提到：

> 道德的形上學是……從「道德的進路」入，以由「道德性當身」所見的本源（心性）滲透至宇宙之本源，此就是由道德而進至形上學了，但卻是由「道德的進路」入，故曰「道德的形上學」。〔註53〕

〔註51〕同註47，頁172。
〔註52〕同註47，頁172～3。
〔註53〕同註47，頁140。

在此可見，雖然道德上的當然和形上學上的實然是不可截然地分而為「因」
—「果」關係，但我們還是要從道德主觀切入到客觀—宇宙之實體，不能首
先找某一種客觀事實而限定主觀道德判斷。關於這一點，與道德範圍內的另
一種形上學，即「道德底形上學」比較之後，再作討論。

按照牟先生，「道德底形上學」是：

> 關於「道德」的一種形上學的研究，以形上地討論道德本身之基本
> 原理為主，其所研究的題材是道德，而不是「形上學」本身，形上
> 學是借用。〔註54〕

這種「道德底形上學」可謂是與西方「形上倫理學」有相通之處，即：首先
找超越主觀的根據而由這原則來規範（限定）個人的主觀道德意識。不論此
種倫理學之結果是性善（如洛克）或是性惡（如霍布斯），人之道德主體（人
之自律地判斷是非能力）是首先被否定（即，否定人心即是道德本體）。他們
的觀點不在於人類共有的仁心或道德性體，而在於人類情感、意識、意志的
多樣性（或它們的不善）。因此他們相信，我們必要以理性為基礎的客觀、超
越原則，而以其原則來克服人類意志之不善。這看法與儒家的道德觀正相反，
即：儒家認為，雖然人類表現自己的道德意識的方法是各種各樣的，但其道
德意識之本體是一樣仁慈善良的，所以肯定人之自律地判斷道德是非之能力。

「道德的形上學」是從肯定人之主觀道德情感開始，發展到人類本有的
道德善性這客觀事實，而進一步討論此性體之必然如此，即天理。如前所述，
「道德的形上學」是由道德而進入形上學。由此可見，其內容以心性為中心，
而其發展過程是從心性論到宇宙論，不是從宇宙論到心性論。《論語》、《孟
子》、《中庸》、《易傳》等的儒家經典，以及到後來宋明理學家（陸王系統）
之體悟，一致地表現這心性論中心的形上學。

③「道德的形上學」之架構

就道德的形上學之架構而言，它可謂是「三層還原發展」之結構。此指
（i）從主觀到客觀、（ii）從客觀到絕對和（iii）從絕對到主觀之循環過程。
首先必須注意的是：在此所謂的「主觀」不是指個人的多種看法或是非理性
的觀點，而是指每個人在具體的道德實踐中所直覺的道德情感。在此所謂的
「客觀」不是通過認識活動而達到的某種事實、原則或理論，而是指人類道

〔註54〕同註47，頁140。

德情感之共同性格、共同本質。最後，在此所謂的「絕對」不是指某種人不可違犯的命令（像上帝的），而是指天理、常理和常道，人類善性的必然如此。爲了討論上的方便，故分爲以上三點，其義理實際上是一貫的，如果只孤立地看各要點，便不能掌握其大脈絡。我們在此簡單地談談這三個發展過程。

（i）從主觀到客觀

探討「主觀的道德情感」的時候，自然順序是從孔子的思想開始。牟先生提到：

> 主觀的道德情感……這種心、情，上溯其原初的根源，是孔子渾全表現的「仁」：不安、不忍之感，悱惻之感，悱啓憤發之情，不厭不倦、健行不息之德，等等。〔註55〕

孔子之「仁」說，是由每個人之道德主觀而立的。個人的道德主觀，是上面所涉及的不安、不忍之感等的直覺，其內容在孔子問宰我的時候明確地表明：

> ……子曰：「食夫稻，衣夫錦，於如安乎？」曰：「安！」「女安，則爲之！夫君子之居喪，食旨不甘，聞樂不樂，居處不安，故不爲也。今女安，則爲之！」宰我出。子曰：「予之不仁也！」〔註56〕

由此可知，孔子之「仁」說首先肯定個人情感之自律性。因爲君子在不忍之情況下很自然地感覺不安，他的行爲也表現不安之處，此乃是君子之所以爲「仁」者也。如果沒有不安的道德情感，表現在外的行爲便失去本身的意義。因此，內在主觀意識是孔子「仁」說之中心。這種主觀意識在《論語》其他部分也常常出現，如：

> 子曰：「仁，遠乎哉？我欲仁，斯仁至矣」（述而第七）
>
> 「夫仁者，己欲立而立人，己欲達而達人。能近取譬，可謂仁之方也矣。」（雍也第六）

後者指出「視人如己」之意。這句話與孔子的恕道（己所不欲，勿施於人）表達一貫的道理，即「推己及人」之道理。此道理可謂是個人的道德情感之進一步發展，其故有二：一、「推己」不僅肯定個人的自律意志，而表現這種意志擴充到更大的範圍之可能性。二、「及人」間接地指出人類道德情感之共同性，預見後來孟子的性善說。總而言之，孔子的「仁」說成爲主觀（個人的道德情感）之肯定，而「恕道」成爲連接主觀與客觀之環節。

〔註55〕同註47，頁129。
〔註56〕《論語·陽貨第十七》。

（ii）從客觀到絕對

在前面討論的道德情感，到了孟子一切轉而爲「心性」。孟子心性說之義理中，在此必須強調的特色是其客觀意義。即，人類共有的道德性體。

> 孟子曰：「人皆有不忍人之心。先王有不忍人之心，斯有不忍人之政矣……所以謂人皆有不忍人之心者，今人乍見孺子將入於井，皆有怵惕惻隱之心。」〔註57〕

從吾心之道德自覺，孟子指出人類共有的善性。孟子看透，惻隱、羞惡、辭讓、是非等的道德情感，不僅是我的或者某些人的感情而已，且是每個人生而具有的心情。因而孟子曰：

> 「無惻隱之心，非人也。無羞惡之心，非人也。無辭讓之心，非人也。無是非之心，非人也。」〔註58〕

由此可見孟子思想的理論：吾心自覺道德情感，而具有四端等的道德情感乃是人之所以成爲人，故人性是道德的、善的。就其範圍而言，道德自覺心從個人的內在感情領域擴充到人類客觀普遍的領域，就其內容而言，吾人的道德心體乃是人的道德性體。那就像「現在作這篇文章的主體與具有東海大學學生證號碼 G861908 的客體是本質上同樣的實體」之道理一樣。後者只不過是從客觀的角度看自我而已。關於人性之本質，孟子說：

> 「堯舜與人同耳。」〔註59〕

> 「聖人與我同類者……口之於味也，有同嗜焉。耳之於聲也，有同聽焉。目之於色也，有同美焉。至於心，獨無所同然乎？心之所同然者何也？爲理也，義也。聖人先得我心之所同然耳。故理義之悅我心，由芻豢之悅我口。」〔註60〕

上面所表達的意義有兩種：一是直接地說明客觀義理上之人心之同然，以及每個人成爲至善的聖人之可能性。二是間接地指出天理、天道和天意等超越個人的有限性之絕對體。「人人皆可爲堯舜」意謂孔子以前的人性，孔子時代的人性與孟子時代的人性，雖然時間上差幾百年，但皆仍然有同然之處，恆常不變的理義。其理義，從「恆常」的角度看，有超越個人生命的有限性之無限義。從「不變」的角度看，有超越多種道德主體的表現方

〔註57〕《孟子・公孫丑上》。
〔註58〕同上。
〔註59〕《孟子・離婁下》。
〔註60〕《孟子・告子上》。

法之絕對義。於是上面的「理義」就是絕對「天理」之別名。關於「天」
孟子說：

> 「盡其心者，知其性也。知其性，則知天矣。」〔註61〕

由此可知，孟子的心性論不僅把主觀心體發展到客觀性體，而由人之性體之
所以如此指出形上天、絕對常理。因此從孟子心性論之大體脈絡上看，有一
些學者所提出的「孟子之說不須涉及形上天」〔註62〕等主張，絕不妥當。

（iii）從絕對到主觀

　　如前所言，道德的形上學之特徵，就是「當然」與「實然」之間的互相
因果作用。在前兩段說明了主觀道德意識如何發展到對人性之客觀事實，而
指其客觀事實如何意謂絕對形上天理。在道德的形上學之系統裡，如果主觀
心體（屬於「當然」）成為絕對天理（屬於「實然」）之基礎，天理亦成為主
觀道德直覺之前提。那就是說，我們自覺道德實體的時候，其所感到的對象
乃是天理、天道，因此天道之存在成為我們主觀意識之前提。雖然孔孟沒有
直接地說明天道本身之內容，但從他們的「知天」概念可以看出，絕對還原
到主觀之過程。孔子說「五十而知天命」，又說「不怨天，不尤人。下學而上
達，知我者其天乎！」孔子五十歲的時候，發覺他所感覺到的對象乃是天道、
天命；自己與天之間的這種親和感，不僅是自己「知天」或「上達」於天德，
而是天亦轉過來「知」孔子。這種「與天相知」之境界表示孔子之所以成為
聖人。孟子也在「盡心知性知天」之說表達一貫的義理，即能夠顯現而擴充
吾心的天理者（聖人），亦能夠知天理、天命。雖然基本上人人可以達到聖人
之境界，但人還不是生而有此境界，因此需要不斷的努力，愼獨、存心而擴
充之。《中庸》之「至誠盡性」〔註63〕以及《易傳》的「窮神知化」〔註64〕亦

〔註61〕《孟子・盡心上》。

〔註62〕就是勞思光之看法，參見：勞思光著，《中國哲學史（一）》，三民書局，頁192
　　　　～201。

〔註63〕所謂「至誠」，那就是聖人之境界，是絕對天理與主觀生命合而為一之境界。
　　　　《中庸》第二十五章的「誠者，不勉而中，不思而得，從容中道，聖人也！」
　　　　之意，與孔子講的「從心所欲，不踰矩。」相通。《中庸》以「至誠」探討孔
　　　　孟少言的聖人境界，即「能盡其性」、「能盡人之性」、「能盡物之性」、「可以
　　　　贊天地之化育」和「可以與天地參」之境界（以上第22章），「能化」之境界
　　　　（第23章），「可以前知」和「如神」之境界（第24章），「無息」（生生不已）
　　　　之境界（第26章）以及「能經綸天下之大經」、「立天下之大本」和「知天地
　　　　之化育」之境界。以上是孟子之「盡心知性知天」的進一步發展，表示「知

一致地表示絕對還原到主觀之過程。

　　牟宗三先生說：「儒家由孔子至易傳這一發展是由一根而發，逐步進展的。至易傳說窮神知化，已達到究極完成。這一義理成為一傳統，曰孔子傳統」。〔註65〕此表示，孔子——孟子——《中庸》與《易傳》之義理是貫通為一的；然則，如上所述，他們論點的出發點，以及討論的方向則有所不同，若以圖表示，如下：

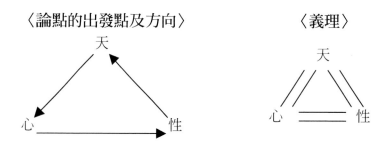

④《附錄》：「道德的形上學」架構之分析

　　在此，筆者發覺進一步分析道德的形上學之需要。此分析有兩個意義：第一、就先秦儒家心性論之內容而言，心—性—天（理）是渾然一體的，不可分離，吾心的道德主體，就是人之本性，亦是天理絕對體。就因其內容之相互互換性，因此有一些學者似乎相信其論證之發展過程也是可以隨意互換的，但這種缺少嚴格理論根據的想法，將使得內容不甚清晰。第二、因為研究中國哲學的學者比較重視思想的內容、深度以及正確性，很少言及思想是如何表達的或是如何證明的。這趨勢往往給外國學者一種「中國思想沒有邏輯或方法論」之錯誤印象。因此，我們必須分析道德的形上學之理論結構，避免有不合理的後果或錯誤的印象。

　　然而，筆者也誠懼此種分析程序會引致離題，而我們討論「道德的形上學」，主要目的只是顯現儒家兩大系統之差異，重點落在「他律道德系統」之

天」之境界如何，「知天」以後主體如何能夠參於天之化育等的意。從道德的形上學之構成看，《中庸》後半部之內容，貢獻於孔孟少言的「從絕對到主觀」的發展過程。

〔註64〕參考牟宗三，〈儒家的道德的形上學〉（出於《寂寞的新儒家》，鵝湖出版社，民國81年初版，1～15頁）。

〔註65〕同上。

上。故此，筆者將此程序放在《附錄》裡，希望有參考的價值。

（i）從主觀到客觀 vs 從客觀到主觀

　　道德的形上學是從無限地肯定主體之道德自覺能力開始。所謂「無限地肯定」是指沒有外在標準限定或要求主體一定要感覺如何。孔子說「學而時習之，不亦說乎？」，而沒有說「若想說，必學而時習之」（後句話成為主體感覺的必要條件）。孔子重視主體之自律性，在與司馬牛之對話中亦有所呈現：

> 司馬牛問君子。子曰：「不憂不懼」。曰：「不憂不懼，斯謂之君子矣乎？」子曰：「內省不疚，夫何憂何懼」。（顏淵篇）

在此對話中，孔子說明「不憂不懼」等的現象是內在主體之自然表現，不是外在條件限定「君子」之感情。前節已經說明了，在孔子的「仁」說我們可以看出從主觀到客觀之過程。而以上例子亦充分說明，孔子否定從客觀到主觀的逆向理論。這樣的例子在《論語》各篇章中，可謂不勝枚舉、俯拾皆是。

　　形上倫理學之主要特徵，是從人的行為及思考之多樣性著眼，否定主體之自律性。在這系統裡，客觀、理性的標準優先於主觀、「反覆無常」的情感。像功利主義的「最多數人之最大幸福」和康德的「普遍原則（Universal Law）」皆是以客觀理論來命令、指導主體一定要如何做。這種「從客觀到主觀」的理論發展，不得不面對兩個問題：第一、以客觀理性來決定的命題，因其以人之有限能力（認識能力）為基礎，故無法保障社會、時代變遷後仍然生效。第二、不論客觀標準多麼理性，不論其命令多麼嚴格。吾人如何運思，如何感受是外在命令無法控制的。譬如說，不論功利主義的論點多麼能夠增加多數人之幸福，如果我仍然不在乎別人的幸福或是「幸福」這概念，那麼所謂客觀標準，對我的主觀判斷、感受、行為壓根兒沒有影響。接不接受客觀標準的最後決定，全落在主體之自律意志判定上。在道德的形上學裡，這並不構成問題。

（ii）從客觀到絕對 vs 從絕對到客觀

　　孟子從人類共有的道德性體，而指出了超越有限生命之不變天理。就其論證之構成而言，人之善性成為絕對天理之前提。孔孟沒有獨立地處理什麼是天理，什麼是天命等的問題。

　　從絕對原理講客觀事實，乃是神學之內容。像人類生而有的「原罪」這概念，因這在《聖經》裡，基本上是不容懷疑的。就啟示宗教（revealed religion，相對於自然宗教 natural religion）之性格上而言，絕對原則不是理性的推論，

而是透過獨特而神聖的「啟示」，因此其絕對原理之根據就是記載各種神蹟的《聖經》。一旦有了此種絕對根據，就容易推論人之本性是如何如何的，但不論如何，不可容疑的絕對原理，始終是其推論的前提。

假設我們從原罪概念推論到「人需要不斷地反省、懺悔」這「事實」。問題關鍵在於「原罪」這前提有否道理，而是：對一些連「聖經」這詞彙都聞所未聞的人而言，他們如何知道這種「事實」？又或者，《聖經》從沒在我們面前「啟示」，這種「事實」是否仍是事實？這些問題是道德神學（moral theology）所面對的問題；在道德的形上學之結構內，這種問題根本不能出現。

（iii）從絕對到主觀 vs.從主觀到絕對

在前節探討了我們的「盡心」、成德工夫的過程就是「知天」的過程。「知天」或從絕對到主觀的過程，以「絕對」為我們「主觀」自覺之前提。這結構涵蘊著自明的事實；即，絕對天理不隨我們的主觀解釋而改變。人之主觀就是天理，或是天理就是人之主觀，那則是聖人的境界。雖然每個人的道德主體以天理為其內容，但「以主觀知天命」則是另外的境界——連孔子都要到了七十歲才達到「從心所欲，不踰矩」的境界。

還沒到這種聖人境界的我們，以我們的主觀來判斷或限定天理之內容時，會引致一些有趣的結果。一種是否定天理的絕對永恆性，如相對主義。相對主義者認為，個別的人或不同社會之間並沒有放諸四海皆準的價值標準，因此世上並沒有所謂不變的絕對原理。另一種是否定天理之存在，如情緒主義。情緒主義者認為，因為每個人的（或一個人在不同的時間中）感情不僅是不一樣，且常有矛盾之處，故在情感的背後，理論上不可能有某種絕對原理存在。我們所意識到的「道德感」，實際上與單純情感沒有任何差別。對這種主張有許多值得商榷的地方，如：若是每個社會的價值標準皆不一樣，那麼國際法如何可能？國際學術會議如何能夠討論倫理？若是我們的道德自覺只是一種情緒而已的話，我們為什麼還要用「對——錯」、「好——壞」、「善——惡」（不是「我喜歡——我不喜歡」）等詞彙來描述人的行為？這些問題之所以產生，歸根究柢就是企圖以主觀規限天理所使然。以絕對天理為主觀的前提之道德的形上學，就其方法論的結構而言，不可能醞釀出相對主義、情緒主義，甚至虛無主義等結果。

以上的內容，可用以下圖式加以說明：

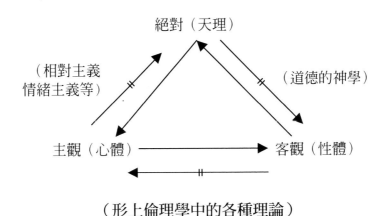

（形上倫理學中的各種理論）

　　以上我們探討儒家之自律道德系統如何回答「我為什麼成為道德的人？」這一問題，從道德的形上學之結構看，此問題根本沒有必要提出，因為「成為道德的人」乃是吾心所欲，吾性所趨。如前所述，儒家亦有另外的回應，即他律道德系統的回答。在以朱子為主的儒家他律道德系統裡，此問題並不是「本不須問」的問題，而是非常關鍵的問題。

（3）他律道德系統

① 問題的提出

　　問題的關鍵，亦是在於「心」上。若朱子的「心」即是「天理」（道德本體）的話，則會與儒家的正宗（自律道德系統）無大差異。但朱子的心既不是天理，又不是私欲之心。如前所述，「心」可從上下講；若「心」指下落而私欲之心，私欲之情，則理義（道德）不必悅心，而心亦不必悅理義，不但不悅，而且會十分討厭它。〔註66〕如果心是無善至惡的、下落而私欲的話，「我為什麼要成為道德的人？」這一問題也沒必要產生，因為我們根本沒有理由成為道德的人。當然，我們的「理由」應該是內在的理由，與「避免痛苦」、「追求物質上的幸福」等等的外在理由有所分別。〔註67〕由此可以推出，若「我們為什麼要成為道德的人？」這一問題有任何分析價值的話，人之心不可能是至善的；與此同時，亦不可能是至惡的。

〔註66〕參見註48。
〔註67〕「外在理由」在談「假言命令」時詳細討論。

　　問題的另一關鍵，則是我們必須具有能力實現道德。如果我們根本無法實現道德的話，我們也沒有理由「應該」做道德的行為。這是「應該」涵蘊著「能夠」的邏輯（"ought" implies "can"）。所以，任何真正的道德體系，不可能全靠「他律性」。盲目地服從某一些規則，無意識地、反覆地作一些符合道德規則的行為，怎麼可能成為道德的行為呢？連西方近代倫理學，雖然它們忽略德行之重要性，但仍然強調道德行為者的「義務感」及「責任感」，此與「他律性」不同。很不幸，朱子的「他律道德系統」往往與「他律性」混合起來，使它在道德層面上的價值大打折扣。

　　朱子的「他律道德系統」到底如何回答「我為什麼要成為道德的人？」（亦即「我有什麼理由成為道德的人？」及「純粹理性如何其自身就能是實踐的」的問題）此問題呢？答案是：我要實現我的本性，實現本性才可以成為真正的我，真正的人。這是「人之所以為人」之客觀的、可分析的命題，不是「理義悅吾心，吾心亦悅義禮」的綜合命題。〔註 68〕為了進一步瞭解朱子他律道德系統所提出的解答，故先對內容及結構作一說明。

　　「自律道德」與「他律道德」的分別，是康德（Immanuel Kant）所提倡的範疇概念，而牟宗三先生運用此兩個概念於他的《心體與性體》一書（共三冊）中，顯現儒家種種思想之特色和脈絡，且曾澄清富爭議性的論點。然而牟先生之把朱子的思想視為他律道德系統，引起了許多反對的意見〔註69〕，例如最近出版的《朱熹哲學思想》〔註 70〕的作者金春峰說：「朱熹的心性、道德學說，類如康德之思想，是道德自律系統；其心之本體即是性、即是理，因而『本心』實即道德理性，乃百行之源、萬善之本。」〔註 71〕金先生致力於把朱子的理論重新解釋、調和、適合於自律道德系統，但其過程未免犯了論證上的謬誤和歪曲思想等毛病。

　　筆者相信，許多學者之如此反對把朱子視為他律道德系統，或甚至主張把他定位為自律道德系統，其來源有二：一、他們對牟先生所說的「他律道

〔註68〕參見牟宗三，《心體與性體》第一冊，163 頁。

〔註69〕參見陳榮捷（《論朱子之仁說》，載《朱子論集》，台北學生書局，1982 年版）、蒙培元（《理學的演變》，福建人民出版社，1984 年版）、馮耀明（《朱熹心性論的重建》，載《國際朱子學會議論文集》，台北中央研究院中國文史哲研究所籌備處出版，1993 年）及金春峰（《朱熹哲學思想》，台灣東大圖書公司，1998 年出版）等的意見。

〔註70〕金春峰《朱子哲學思想》，台灣東大圖書公司，1998 年出版。

〔註71〕同註 66，〈序〉3 頁。

德」的理解是不充分、不清楚的（他們的誤解在後面詳細討論）。二、他們在自律道德的籠罩之下，看輕他律道德的意義。因此，他們竭力把中國偉大的思想家從「無意義」的道德體系中「拯救」回來。〔註72〕

車先生所謂的「自律道德」和「他律道德」的區別，被一些學者誤把康德的「絕對命令」和「假言命令」之區別混同起來，誤導讀者對他律道德本來應有的意義。〔註73〕本節先把它們的意義分別開來，然後探討他律道德的結構。

②「他律道德」與「假言命令」或「他律性」之不同

康德的「絕對命令」（categorical imperative）與「假言命令」（hypothetical imperative）無疑是他的道德理論中最負盛名的概念，有時翻譯成爲「無條件的命令」與「有條件的命令」。前者有「儘管我不意欲其他事物，但我應該仍然要這樣做」的形式，而後者有「我應該這樣做，因爲我意欲其他事情」的形式。舉例說：

有條件的命令：「如果我要保存我的名譽，那麼我就不應該說謊。」

無條件的命令：「不管是否有損我的名譽，我也不應說謊。」〔註74〕

在此，關鍵詞在於「應該」的命令句。此命令句有兩個前提，或是含意。一是命令者之絕對道德性，二是被命令者之不服從的傾向（strong tendency to disobey）〔註75〕，這亦間接地指出他的非道德性。如果我們把被命令者稱爲 A、命令者或道德原則稱爲 B 和被命令者之「條件」稱爲 C 的話，有如下的形式：

有條件的命令：如果 C 則服從 B　　（換言之，A 服從 B 因爲 C）

無條件的命令：服從 B　　　　　　（換言之，A 服從 B）

〔註72〕 同註66，96～97頁，151頁：作者説：「他律系統……『道德』本質上就不是道德，而是理性對利益的計算。」又說：「嚴格地説，認知心作爲中性的認知功能，是不可能建立任何道德系統的。它能建立的只能是利益的計算與趨利避害之理性系統。」

〔註73〕 同註66，也參看劉述先《朱子哲學思想的發展與完成》，第十章〈朱子哲學思想的現代意義〉，第二節「由現代的觀點看朱子建立道德形而上學之不足」，524～8頁。

〔註74〕 參見鄺芷人《康德倫理學原理》，台北文津出版社，民81年出版，45頁。這兩個例子是直接運用他的例子的。

〔註75〕 參見 Alasdair MacIntyre，*After Virtue*，（Indiana，Notre Dame：University of Notre Dame Press，1981），pp.52～3.如果不假設人有這種傾向，何必做一個「命令」呢？

這裡的 C 指「其他事情」，但在康德這樣的區別裡，C 的內容實際上是物質上的利益（material end）〔註76〕，像名譽、金錢、地位等，因此間接地暴露 C 的非道德性。所以在有條件的命令裡，C 是在跟 A 一樣的層次上，B 成爲他們的工具而已，失去他的道德權威。相反，在無條件的命令裡，被命令者沒有 C，而 B 徹底地控制 A，使 A 失去他本來具有的非道德性。可見，無條件的命令裡 A 服從的是 B，即絕對道德原則，而有條件的命令裡 A 服從的是 C，即與道德本身無關的利益。總之，C 在非道德性的前提下，有條件的命令邏輯上不可能成爲甚麼道德原理的形式。

　　「絕對命令」和「假言命令」不是代表倫理體系，而只是康德主張自律道德如何可能的時候，所採用的一種說明方式。「假言命令」和他律道德，在他們靠自己以外的（不是自發自律的）道德原則的觀點上相當類似，但「假言命令」牽涉到一些他律道德不承認的前提（如「條件」的非道德性），即邏輯上不給予任何道德原理或體系成立的餘地。因此，他律道德與「假言命令」以及上述的「他律性」混同起來時，根本不能顯示出它（他律道德）在道德上的意義。

③「他律道德」系統之內容

　　關於他律道德系統之型態，牟先生說：

> ……他律道德，蓋理在心氣之外而律之也。（理經由心氣之靈之認知活動而攝具之，內在化之以成其律心之用以及心之如理，此不得視爲心理爲一，此仍是心理爲二。其爲一是關聯的合一不是本體的即一、自一。本心即性、本體的自一是自律道德。關聯的合一是他律道德）。〔註77〕

這句話有許多含意，但很明顯，自律和他律道德的最大的差別在於心和理是否爲一（本體的即一）。在自律道德系統裡，心是「即存有即活動」之理，並且「靠其自身之自發自律自定方向自作主宰來核對其爲理」〔註78〕。而在他律道德系統裡，心不是理，因此只剩下「只存有而不活動」之性體，則「性

〔註76〕 在他律道德系統裡面，C 不一定表示物質上的利益，但解釋康德「假言命令」的人卻如此定義下來。

〔註77〕 牟宗三《心體與性體》（正中書局，1969 年初版）第一冊，86 頁。有關自律道德與他律道德之分判，詳見第一冊〈綜論〉第二張及第三章。

〔註78〕 同註73，第三冊，85 頁。

之爲理只能靠『存在之然』來核對其爲理」。〔註79〕

　　牟先生這樣的分別，只顯現兩種系統之不同，沒有說在他律道德系統裡的心，所追求的是功利主義式的利益，或者心有什麼「條件」等等。他所要指出的是兩種不同的倫理體系，而不是說他律道德根本不能成爲一種倫理體系。由此可見，牟先生所謂的他律道德不同於「假言命令」或「他律性」。

　　再者，雖然「自律」和「他律」之概念是借用康德的名詞，但它們的意涵不限於康德的思想體系。牟先生就提出「縱貫系統」和「橫攝系統」〔註80〕之專名，且他認爲海德格所謂的「方向倫理」（*Richtungsethik*）和「本質倫理」（*Wesensethik*）也表示同樣的意思。〔註81〕他說：

> 中國學問發展的方向與西方不同。儒家由孔孟開始，首先表現的是海德格（Heidegger）所謂的「方向倫理」。論語、孟子、中庸、易傳都屬於方向倫理；而後來的周濂溪、張橫渠、程明道、胡五峰、陸象山、王陽明、劉蕺山所講的，也都是方向倫理。方向倫理在西方式由康德開始的；康德以前的倫理學，海德格稱之爲「本質倫理」，這個名詞用得很恰當後者是由本質方面來決定道德法則，決定什麼是善；這正好是康德所要扭轉的。在西方首先出現的是本質倫理。柏拉圖所講的就是本質倫理，正如康德所説是以存有論的圓滿（ontological perfection）來決定善，以存有來決定善。康德則反過來，不以存有來決定善。因此由康德開始，才有方向倫理。但儒家一開始就出現了方向倫理，到朱夫子才出現本質倫理。〔註82〕

因此可知，自律道德系統，其內容上、含意上，等同於縱貫系統，也等同於康德開始的方向倫理。而他律道德系統，等同於橫攝系統以及康德以前的本質倫理。因此，牟先生把朱子分成爲他律道德系統的時候，我們必須對它有全面的瞭解，不能只看康德的論證而罔加批評。譬如，西方後來發展的功利主義也有一些他律道德的特色，但它與西方古代和中世紀的本質倫理不一樣，因此不能推論朱子的倫理觀與功利主意分享共同的內涵。〔註83〕那麼，

〔註79〕同註74。
〔註80〕同註73，第三冊，48頁。參見「他律道德系統」之圖示。
〔註81〕見 Max Muller，*Existenzphilosophieim geistigen Leben der Gegenwart.*（F.H. Kerle Verlag，Heidelberg，1958.）
〔註82〕牟宗三《中國哲學十九講》，台灣學生書局印行，民72年出版，405頁。
〔註83〕關於這一點，參看註66，金春峰的見解。

他律道德、橫攝系統和本質倫理所共有的特色是什麼？在此有必要說明他律
道德系統之結構。

④ 他律道德系統之結構

　　當代西方倫理學家麥根泰爾（A. MacIntyre）在他《德性之後》一書中，
有一章探討西方從古代（主要是亞里斯多德）開始，經過中世紀到康德（不
包含康德本身）所成為主流的倫理學之「基本結構」。〔註84〕其結構有三層組
織；一、人在他的本然狀態（有善有惡）；二、道德原則（至善無惡）；三、
人達成他的〔道德〕目的之後（如理但與理不同）。麥氏認為此種倫理結構之
最大特色在於它的目的論（teleological scheme）。人本來有私欲、衝動以及無
知（道德意義上），但通過絕對道德原則之認識，實現他的（道德的）可能性，
而成為道德的人。「成為道德的人」乃是人的目的；人在局限的生命內，必須
不斷地力求於實現其可能性，就是麥氏所謂「目的倫理」（或海德格之「本質
倫理」）之精髓。

　　我們在此注意到，雖然仍有康德「假言命令」的「A 服從 B 因為 C」的
形式，但在這裡，A 和 C 已位於不同的層次，而 C 是 A 之崇高目的，因而保
障他律道德或本質倫理之所以成為「道德」或「倫理」，而不僅僅是「他律性」。
〔註85〕所以我們可以把他律道德圖式化如下：

$$\underset{\text{（有善有惡的人）}}{A} \xrightarrow[\text{（1）}]{\text{（認知地攝取）}} \underset{\text{（至善無惡的道德原則）}}{B} \xrightarrow[\text{（2）}]{\text{（內化、轉成）}} \underset{\text{（如理的道德的人）}}{A''}$$

　　從他律道德系統的結構，我們可以推出它的基本特性如下：

就對它的道德性質而言：

一、A 不是 B（A≠B）：A 是吾人還沒經過任何道德修養工夫之前的基本狀態
　　。大多數的他律道德系統，不認為人的心態是生而完美的，不然便不能說明
　　世上為什麼有善人，同時亦有惡人存在；又不能說明人為何需要道德層面上

〔註84〕同註71，52～3頁。
〔註85〕同註71，麥氏主張他律道德系統可以包容絕對命令和假言命令的形式，關於
　　　　這一點，詳見第五章，49～59頁。

的教導，及為何要刻意去做修養工夫。B 是理論上、道德上，既完善又永恆的原則，成為 A 的榜樣。A 的道德價值因而必然比不上 B 的道德價值。

二、A 不是 A"（A ≠ A"）：A"是在他律道德系統裡，成為必然因素。A"代表 A 之目的，即，認知道德原則，服從它、實踐它，而成為道德的人。A" 之所以為必然因素，是指任何他律道德系統需要 A 本身之外的一些目的，從而使 A 向此目的的方向走。B 本身不能成為 A 的目的，姑勿論 A 是否認知、服從它，但 B 仍然存在。A 認知它、服從它、實踐它之後的狀態，亦可謂是「A 加上 B」，但這仍與 B 本身不同，所以稱之為 A"。

三、A"不是 B（A" ≠ B）：在道德層次上，A"是人可以達到的最高境界，A 之目的。A"自有它的道德價值，我們不能說「成為一個道德的人」是沒有價值的目的。然而，它的價值不是從它自身而來的，而是從因為它服從 B 而來的，因此 A"的價值與 B 本身的價值有所不同。有些學者認為，若 A 不是 B，A 則沒有價值〔註86〕，但他們只見 B 而不見 A"，不見 A"的價值不同於 B 的價值。

就對它的本質而言：

一、A 不是 B（A ≠ B）：通常在他律道德系統裡，A 是形而下的，B 是形而上的。譬如，在亞理斯多德倫理學裡，A 代表人心，B 代表極圓滿、極高尚的原則；在基督教倫理裡，A 代表人，B 代表神聖的啟示。A 是有肉有血、有認知活動，具體的主體，B 是抽象、無相無形，客觀的原則。

二、A"不是 B（A" ≠ B）：A 雖然是在道德意義上佔據著很高的位置，但本質上，A"與 B 不等同。有肉有血的人，既使他是「走路的聖經」（walking Bible），他仍不是聖經本身——抽象原則本身。

三、A 是 A"（A ＝ A"）：A 和 A"雖在道德層次上不一樣，但本質上 A 和 A" 並不是兩個主體，而是同一的主體發展的兩種狀態。A"是在 A 的基礎上發展的。此原理表面上是很簡單的道理，但運用在「人」以外的範圍裡（如動物、植物等），則成為複雜的問題。譬如，人之所以可能成為聖人，

〔註86〕譬如，金春峰先生批評牟宗三先生（認為朱子屬於他律道德系統）說：「按牟先生的說法，心氣是中性的、無色的，心氣之知也是中性的、無色的，沒有價值取向的」（東大圖書公司，民國 87 年，96～97 頁）。

其基礎（原因）已在 A 裡面之故：若 A 本身根本不能發展到 A″的境界（如動物不能實踐道德），則可能代表動物之 A 與人之 A 不同（動物沒有認知能力），亦可能代表動物的 B 與人之 B 不同（動物不必實踐道德）。

就對它的方法（工夫）而言：

一、→1 和→2 是必然因素：A 服從 B 的過程是認知過程或教育過程：按照麥氏，道德教育過程乃是「使人認識如何從之前的狀態轉變爲後來的狀態的科學」。〔註87〕眞正的道德教育，不只讓我們知道什麼是道德的人，它也「教育」我們如何達到我們的眞正目的（即成爲道德的人）。因此我們首先要一步一步地認識它、學習它，然後轉變、內化於我們本身，使我們成爲道德的人。

二、外在過程對道德修養來說是必須的：因爲我們生而不知道德原則的內容（他律道德系統之前提），我們需要外在地認知它、服從它。譬如基督徒需要學習聖經的內容及義理，也要外在地遵守其教條（十戒等），這樣才能使他的心變得純粹，使他的行爲順從神的意志。

三、內在過程對道德修養來說是必須的：道德教育的眞正目的，是使人「成爲」道德的人，而不是強迫人像機器那樣遵守一些規則。若人只是外在地學習一些教條，而不反省地將此義理內化（internalize）、轉成爲自己本身之德，他的行爲縱使符合道德原則，他自己本身卻不能「成爲」眞實的、有道德人格的人。這正是他律道德之所以爲「道德」，而不僅僅是「他律性」之原由。

四、→1 和→2 不代表先後、本末：雖然爲了圖示的方便將→1 和→2 區分開來，但這並不表示人一定要先認知所有的原則後，才能有效進行反省、內化、轉成。1 和 2 只是邏輯上的先後（有認知的對象才能將之內化），不是時間上、實踐上的先後。人可以認知後反省，亦可從反省中認知。如朱子所說的「涵養中自有窮理工夫，窮理中自有涵養工夫」〔註88〕。我們亦無法判定那一種過程較爲重要，其道理如孔子所說的「學而不思，則罔；思而不學，則殆」〔註89〕相同。

〔註87〕同註71，50頁。
〔註88〕《朱子語類》，第九卷。
〔註89〕《論語》，爲政第二。

3. 朱子的倫理體系

　　如第二節所述，西方的德行倫理學有關「成德」及「規則」的問題（第二組的問題）。對這些問題儒家的兩大系統有不同的回應。繼承孔孟義理的自律道德系統之回應，已在上一節裡簡單地陳述。朱子所完成的另外的系統，即他律道德系統，則有不同的回答。此乃本文關心所在，有較詳細之討論。

　　關於「成德」問題，是朱子心性論及理氣論重點所在。將在本文的第二章，按照前一節所分析的他律道德系統之結構，一層一層地討論朱子心性情三分的結局。在此首先討論朱子對心、性、情的理解，其後探討他所謂「心性對言」之意涵（A≠B）；接下來討論他的「人心道心說」（A≠A"）。在朱子的系統裡，嚴格地說，人心並不完全代表 A，而道心亦不完全代表 A"；較為像A其實是朱子所謂的「仁心」。但朱子本人亦有時候把A意義上的心稱為「道心」，而把A意義上的心稱為人心（不是「仁心」），因而才取此用法，以證明朱子系統裡有兩個不同道德層次的心；最後討論朱子的「仁說」（A"≠B）。朱子的「仁說」是經過一些概念上的演變後才完成的，此義理在不同的時期就意涵著不同的內容，使後代學者們往往誤解朱子，以為他的學說屬於自律道德系統。這一節我們將對朱子晚年的「定論」進行分析，考察「仁說」是否合乎他律道德系統之脈絡，而後討論「仁心」的道德價值與「性理」的道德價值的差異。

　　比較成功的他律道德系統，除了討論人心之認知能力，以及道德原則之完美性外，必須涉及到一些形上論題。如果說人和道德原則是截然不同的，人為什麼要認知它、遵守它以至攝取它呢？換言之，若人心不能自律地、自主地、自身地能夠創造道德，為什麼人必須要遵守一些外在的準則？為什麼「成德」是必要的？誰賦予此必要性？

　　對此問題，亞理斯多德有人性的「道德生理學」（moral biology）理論，企圖說明人的生理結構與動物不同，自有「為善去惡」的生理結構。亞氏主張人生而具有能夠知覺於「人性」的「積極理性」（"active" reason），相對於知覺於其他生理欲望的「消極理性」（"passive" reason），而說明人通過積極理性的反省之後，才能實現自己的本性（actualize himself）。「道德生理學」表明，人之所以為道德之「必然」根據，既是外在（客觀存在的原則），又是內在（人的生理所構成）〔註

〔註90〕關於亞氏的「道德生理學」理論和對它的評估，參見 "Aristotle's Ethics"（as in Ackrill，J.L.（ed.），*A New Aristotle Reader. Princeton*，NJ：Princeton University

90〕。除亞氏外，基督教（以及其他一些宗教）倫理亦屬於西方他律道德的傳統；它利用「神」的權威，說明人要成爲道德的人（基督教的道德）之必然性。它的「神學」〔註91〕說明道德的必然性，是神通過「啓示」賦予給人的。

在朱子的系統裡，「理氣論」是賦予道德心性論形上的必然根據。在本文的第三章，開首說明朱子學說中理、氣之各種含意，然後探討理氣論之所以成爲心性論之形上根據。在朱子的理氣論裡，心（以及情）屬於氣，性屬於理。我們在第二節裡，以「理氣之不離不雜」關係來說明本質上 A 不是 B 的項目。在第三章裡討論理氣之動靜、先後關係，順著說明本質上 A" 不是 B 的項目。其實，第二章和第三章的主題皆是說明朱子的理氣二論，A 和 A" 之不同於 B，因此 A 和 A" 的順序可以互相交換。最後，我們探討朱子「人物理氣異同」的問題，以說明「理同氣異」、「理異氣同」和「理異氣異」等理論內涵之意義。例如後來將會論證，這三點實際上可歸結成一致的說法，而不違背本質上 A 是 A"（A＝A"）的項目。

就朱子的工夫論而言，朱子有許多修養工夫論，如涵養、察識、居敬、讀書、小學、大學、即物窮理、格物致知等方法。在第四節裡，我們將朱子的工夫論歸類爲兩種方法，一是「涵養察識」（總名「居敬」），另一是「即物窮理」（亦可謂「格物致知」）。首先討論的是他們各自的義理。涵養察識不一定只代表內化、轉成過程，它亦可以代表認知工夫過程。格物致知不一定只代表認知工夫過程，它亦可以代表內化、轉成過程。最後，我們會討論兩種工夫互發、合一的問題。

朱子的心性論、理氣論和工夫論，不是各自獨立的理論，而是相互密切關連的綜合倫理體系。在第五章裡，簡略地綜合心性論與理氣論的關係（理論關係）、理氣與工夫論的關係（間接關係），和心性論與工夫論的關係（直接關係）。

在本章裡，我們已簡單地討論中西倫理學重點之異同，中國儒家的兩大系統之不同結構和義理，以及朱子倫理體系之大概脈絡。我們從第二章到第四章，按照上述的次序，分析朱子道德系統的內容及含意。

Press，1987），Alasdair MacIntyre，*After Virtue*（London：Duckworth，1985）chp.5，and Wilhelm Windelband，James H. Tufts（trans.）*A History of Philosophy*（New York：MacMillan Company，1901），pp.149～151。
〔註91〕這「神學」是指 revealed religion 之神學，相對於 natural religion 之神學。

第二章　朱子的心性論

　　按照前一章的分析，在他律道德系統中有關道德的層面上，A 非 A"，A 與 A"非 B。在朱子的心性論亦有所呼應，即：一、人心（有善有惡的）不是人性（本然之性，純善無惡的），二、人心（有危）不是道心（有微，順道如理），以及三、道心（只是合理）不是人性（即理，理之本體）。

　　為了凸顯此三點，這一章則安排四節，第一節分析心、性及情之意涵和特色，以自然顯現心（人心道心皆亦然）與性之不同；第二節則是第一節之發展，探討朱子所言心性之不同。雖近來有些論者提出異議，認為心和性在道德層面上大可視為一體，但至少在人心（非道心）與人性（本然之性）的問題上，兩者仍然存在著分歧；第三節討論朱子人心道心問題，以表明人心與道心道德層次上的不同；第四節討論朱子的「仁說」，以說明道心與性理本身之間的微妙差異，同時企圖釐清一些學者的誤解（指「道心即是仁，仁即是性，故心即是性」等的說法）。

　　在朱子的心性論裡，除了上述四點之外，「中和舊新說」和「心統性情」之說亦是不可忽略的要點。但本論文以朱子晚年較固定的論點為其範圍，中和新舊說之歷史發展脈絡則擱置不談。而中和新說，因其與動靜問題及涵養察識工夫之關係甚切，故安排於〈朱子的工夫論〉（第四章）之中。至於心統性情問題亦然，其與工夫論交叉之處頗多，故安排在〈朱子倫理體系之綜合〉（第五章）裡加以討論。

　　以下是朱子心性論體系之分析及內容。

1. 朱子論心、性、情

（1）心

　　凡是工夫，皆在「心」上去做。西方有句話說得好：「應該」含意著「可以」。儒家成德成聖之工夫，是應該去做的，而此似乎表示，人之心已具有一種能夠實現道德的功能。吾人會說「心的功能作用」，而不會說「性的功能」或「情的功能」；在此將朱子對心之種種說法分類為四種主要含義，即具理義、知覺義、主宰義和生生義。這四義是朱子心之特質，同時亦是其功能。

　　關於心本質（形上學方面的），它屬於氣，如朱子云「心者氣之精爽」。〔註1〕有關心之形上形下內容，將安排在〈朱子的理氣論〉及〈朱子倫理體系之綜合〉有較詳細之討論。

① 具理義

　　心之具理義表示心與性（理）之主要關係，常常以「心具眾理」及「心包萬理」等說法表示。朱子云：

> 心者，人之神明，所以具眾理而應萬事。〔註2〕

> 心包萬理，萬理具於一心。不能存得心，不能窮得理。不能窮得理，
> 不能盡得心。〔註3〕

所謂心具眾理、或心包萬理，並不是說心去取得另外的物體，而是說心生來已具有萬理在內。朱子往往說心是「虛明」、「虛靈」或「虛底物」，以指出心好像是空盒子一樣，能夠放一些東西在裡面。

> 心以性為體，心將性做餡子模樣。蓋心之所以具是理者，以有性故
> 也。〔註4〕

> 心是虛底物，性是裏面穰肚餡草。性之理包在心內，到發時卻是性
> 底出來。性不是有一個物事在裏面換作性，只是理所當然者便是性。
> 只是人合當如此做底便是性。〔註5〕

順著朱子的比喻，若心將性做為餡子，心自身便是餃子的皮了。餃子的皮，

〔註1〕　《朱子語類》第五卷。
〔註2〕　《孟子・盡心注》。
〔註3〕　《朱子語類》第九卷。
〔註4〕　《朱子語類》第五卷。
〔註5〕　《朱子語類》第五卷。

非餡子也。前者包含後者，而後者只是被前者所包含。但因爲心未曾離開性（理），而本具有之，朱子說：

> 心與理一，不是理在前面爲一物，理便在心之中，包蓄不住，隨事而發。〔註6〕

對這類說法，一些學者解釋爲心與性（理）是相通的；譬如，蒙培元先生說：

> 所謂不是「理在前面爲一物」，實際上就否定了心外之理。所謂主宰，不是別的，它就是心，也就是理。……這樣說來，心和理完全是一個東西都是主宰之意。可見，「心即理」和「性即理」，實際上是可以相通的，在朱熹這裏也是很難區分的。……他承認在「心與理一」這一點上同路九淵並無不同。〔註7〕

但實際上，我們卻不能從「理便在心之中」這一類的話推出「心即理」或「心和理完全是一個東西」等的結論。如前所提出的「餃子皮不是餡子」那樣，朱子強調的是心的空虛，強調心因「虛」能「具」的道理。他說：

> 凡物有心，而其中必虛。如飲食中雞心豬心之屬，切開可見，人心亦然，止這些虛處便包藏許多道理。〔註8〕

又說：

> 性如心之田地，充此中虛，莫非是理而已。心是神明之舍，爲一身之主宰，性便是許多道理，得之於天而具於心者。〔註9〕

很明顯地，心是主動地「包」或「具」理，而性是被動地「屬於」或「具於」心。就功能而言，心所具有「具理」的功能，它「空虛」之故也。至於被具的性理，談不上有什麼主動意義上之功能，故兩者絕不可混爲一談。

② 知覺義

心生而具有萬理，但爲什麼世界仍有「聖人」與「眾人」之分？在孔孟儒家正宗之體系裏，聖人之心與眾人之心並無分別，故「四端之心，人皆有之」。然而在朱子的倫理系統裏，人之心雖具有著萬理，但因它所發揮的另一個主要功能，即「知覺」功能有所差距，故眾人之心與聖人之心有所不同。朱子說：

〔註6〕《朱子語類》第五卷。
〔註7〕蒙培元《理學的演變》，文津出版社印行，民79年，57頁。
〔註8〕《朱子語類》第九八卷。
〔註9〕《朱子語類》第九八卷。

> 熹竊謂人之所以爲學者，以吾之心未若聖人之心故也。心未能若聖
> 人之心，是以燭理未明，無所準則，隨其所好，高者過，卑者不及，
> 而不自知其爲過且不及也。若吾之心即與天地聖人之心無異矣，則
> 尚何學之爲哉？〔註10〕

據此，心之「知覺」功能乃具有將聖人與眾人分爲高下之關鍵功能。此功能
在「人心與道心」之問題上，尤爲重要。也就是說，即使吾心具備著眾理，
人還需要刻意地去明白它們，知覺它們，及顯現它們。故朱子說：「萬理雖具
於吾心，還使教他知始得。」〔註11〕

　　如上所述，朱子常常將心描述爲「虛靈」、「虛明」的東西。這一「虛」
字，除了「空虛」而能包的功能之外，還有「照明」、「知覺」、「靈覺」、「靈
感」等的意思。

> 所覺者心之理也。能覺者氣之靈也。〔註12〕

> 虛靈自是心之本體。〔註13〕

> 心官至靈，藏往知來。〔註14〕

> 人心如一個鏡，先未有一個影像，有事物來方照見妍醜。若先有一
> 個影像在裡，如何照得！人心本是湛然虛明，事物之來，隨感而應，
> 自然見得高下輕重，事過便當依前恁地虛方得。〔註15〕

此心之「知覺義」則表示朱子之心能知覺、能思慮、能選擇、能判斷，與荀
子的「以智識心」、「虛壹而靜」之心以及「解蔽」思想有相當類似的部分。〔註
16〕換句話說，朱子的心要成爲一個鏡子般透明無暇，才可以照明它所具有的
眾理；而此心亦要虛明、無偏蔽、無成見、無干擾，才可以無偏差地應接心
外的事物。這意謂心所認識、知覺之對象不限於內心已具有之性理；它也去
照明外在的事物，使它們在吾心中毫無閉塞。關於知覺之對象，朱子說：

> 問：知覺是心之體固如此，抑氣之爲邪？曰：不專是氣，是先有知

〔註10〕《朱子文集》卷四二，答石子重。
〔註11〕《朱子語類》第六十卷。
〔註12〕《朱子語類》第五卷。
〔註13〕《朱子語類》第五卷。
〔註14〕《朱子語類》第五卷。
〔註15〕《朱子語類》第十六卷。
〔註16〕關於荀朱心性論之比較，參考蔡仁厚，〈荀朱心性論之比較及其評價〉在《儒家心性之學論要》（文津出版社，民國 79 年），116～122 頁。

覺之理。理未知覺，氣聚成形，理與氣合，便能知覺。〔註17〕

心者能思，而以思為職。凡事物之來，心得其職，則得其理，而物不能蔽。〔註18〕

前句話是廣義地（亦抽象地）說心所知覺的對象。心之所能知覺，已經含蓄著被知覺之對象；換言之，理（性）與氣（心）之切合是「能知覺」之必要條件。後句話較為具體一點，心所知覺之對象是事物中各具有之理。朱子又說：

問：聞知見知，所知者何事？曰：只是這道理。物物各具一理。又問：此道理如何求？謂反之於心，或求之於事物？曰：若不是心，於何求之。求之在事物，亦是以心。〔註19〕

心之這樣的知覺能力，在朱子「涵養察識」及「格物窮理」之工夫論裡，已為前提。心本身既然已是虛明的，那麼不下工夫又如何？朱子認為，我們還需要刻意地保存這種虛明的狀態：

或不知此心之靈而無以存之，則昏昧雜擾，而無以窮眾理之妙。不知眾理之妙而無以窮之，則偏狹固滯，而無以盡此心之全。〔註20〕

此是說，若無所用心，心之虛明自然而然就被種種私欲所「昏昧雜擾」，而導致知覺功能之「偏狹固滯」。由此可見，心之「知覺義」沒有「具理義」那樣穩定、先天、必然，所以特別需要這方面的工夫、修養。

③ 主宰義

心之主宰義，有「能主」與「能宰」兩種意涵。關於「能主」方面朱子說：

心者，人之所以主於身者也；一而不二者也；為主而不為客者也；命物而不命於物者也。〔註21〕

這是指心是支配全身的一切活動之唯一主體。他又說：

人之一身，知覺運用莫非心之所為，則心者，固所以主於身而無動靜語默之間者也。〔註22〕

所謂心者，固主乎內，而凡視聽言動出處語默之見於外者，亦即此

〔註17〕《朱子語類》第五卷。
〔註18〕《孟子集注》卷十一，告子上。
〔註19〕《朱子語類》第六一卷。
〔註20〕《大學或問》。
〔註21〕《朱子文集》卷六七，〈觀心說〉。
〔註22〕《朱子文集》卷三二，答張敬夫。

心之用而未嘗離也。〔註23〕

心之所能「主於身」、「主乎內」，亦與它的知覺、意識能力有關。於此心能主動地支配者有視覺、聽覺、言語等，人可以用某一些程度之意志力來控制的感官能力。換句話說，因吾人之心能夠「視而不見」、「聽而不聞」，我們才能「命物而不命於物」、「主宰萬變，而非物所能宰」〔註24〕。有一些論者將朱子心之「能主」義解釋成「心之高度的自主性和能動性」。譬如，陳來先生說：

> 心作為意志具有選擇的自由，具有高度的自主性和能動性，並不是說心是天地萬物賴以存在的主宰者。這裡所涉及的心與物的關係，實際上也是繼承了荀子的思想。荀子說：「心者形之君也，而神明之主也，出令而無所受令。自禁也，自使也，自奪也，自取也，自行也，自止也。故口可劫而使墨云，形可劫而使詘申，心不可劫而使易意。」(《解蔽》)「命物而不命於物」即「出令而無所受令」，「心不可劫而使易意」即「非外物所能宰」，都是強調樹立主體的意志結構，強調主體的自覺決定和選擇。〔註25〕

在此我們必須注意的是，心之「能主」功能，只是與「物」對立的「身」或者「感官、生理之身」這方面說的，不能說是道德本體之真正的主人，亦不能說是真正的自主、自律。這就是說，人之所能夠不滯於物，而能夠實現極高的道德本體，的確是因為心是「身」之主的緣故；但若到道德本體這方面去看，心本身是虛靈的，沒有內容的；心只是幫它所具有之理（性）顯現出來而已，因此道德本體上面真正的主人是性，不是心。

心之「主宰義」裡，除了「能主」之外，還有「能宰」的意思。「能宰」指「宰制」、「運用」及「中節」之義。朱子說：

> 問：心之神明，妙眾理而宰萬物。曰：理是定在這裏，心便是運用這裏底。〔註26〕

> 問：知如何宰物。曰：無所知覺，則不足以宰制萬物。要宰制他，

〔註23〕《朱子文集》卷四五，答楊子植。

〔註24〕《朱子文集》卷四十六，答潘淑度。

〔註25〕參見：陳來著，《朱子哲學研究》，文津出版社，民國 79 年初版，179～182頁。

〔註26〕《朱子語類》第一七卷。

也須是知覺。〔註27〕

> 感於物者心也，其動者情也。情根乎性而宰乎心。心爲之宰，則其
> 動也無不中節矣。何人欲之有！惟心不宰而情自動，是以流於人欲
> 而每不得其正也。然則天理人欲之判，中節不中節之分，特在乎心
> 之宰與不宰，而非情能病之，亦已明矣。蓋雖曰中節，然是亦情也。
> 但其所以中節者乃心爾。〔註28〕

我們在此需要仔細審視，朱子用「宰」字的時候，只用在「物」上，如「宰萬物」、「宰制萬物」等；但用於「理」、「情」上，他並不用「宰」字，而用「運用」或「中節」等的詞語。由此可以推出，「宰制」、「控制」等的意義與前面所述的「能主」無太大分別，但在道德、德性這方面講，心非其道德本體之主人，所以只能夠「運用」它所具備之理（運用而顯現道德本體），或「中節」它所發出來的情（使情爲無過無不及、無所偏差於事）。實際上，心不能完全自主；後文亦會指出，朱子有「人心聽命於道心」的說法，而「道心」是一定要去知覺（認識地統攝）性理（義理之性）才能保持道心之爲道心。因此，朱子的心還是在「人心聽命於道心，道心聽命於義理」的結構之下，不能爲道德本體之主人。

④ 生生義

　　心有具理、知覺、主宰等功能，表示心在朱子的系統裡，是較爲主動、能動、活潑之實體。情亦是動的實體，但它並無能動性，且無法左右其他道德實體（如心性）。所以心是唯一有資格繼承儒家《易傳》的「天地之大德曰生」之道理。朱子說：

> 發明心字，曰：一言以蔽之，曰生而已。天地之大德曰生，人受天
> 地之氣而生，故此心必仁，仁則生矣。〔註29〕

心之生生義，便是從《詩經》之「維天之命，於穆不已。於乎不顯，文王之德之純。」〔註30〕以及其他儒家經典常談的天道之「流行不已」、「生化萬物」等論點。有時候朱子將天命之流行不已、生化萬物稱爲「仁」：

> 生底意思是仁。〔註31〕

〔註27〕　《朱子語類》第一七卷。
〔註28〕　《朱文公文集》卷三二，答張敬夫。
〔註29〕　《朱子語類》第五卷。
〔註30〕　《詩經・頌・維天之命》。
〔註31〕　《朱子語類》第六卷。

只從生意上說仁。〔註32〕

> 心須兼廣大大流行底意看，又須兼生意看。且如程先生言，仁者天
> 地生物之心。只天地便廣大，生物便流行，生生不窮。〔註33〕

這裏所謂的「仁」是有生命，活潑、活動之意，如中國醫學裡講「麻木不仁」，以「不仁」只「麻木」，即不循環、不活動之意。所以，這種「仁」的意義並不是「仁慈」、「仁愛」的意思，而只是「稟受天命流行、生化萬物之心」的意思。朱子說：

> 天地以生物為心，天包著地，別無所作為，只是生物而已。亙古亙
> 今，生生不窮，人物則得此生物之心以為心。〔註34〕

> 天地以此心普及萬物。人得之遂為人之心，物得之遂為物之心。草
> 木禽獸接著，遂為草木禽獸之心。只是一箇天地之心爾。〔註35〕

這裏更明顯地說「天地之心」，即「仁心」，不是道德意義上的仁慈、仁愛，而是生物學（biology）上的，「麻木不仁」之「仁」。單從生理方面去看，人之心與物之心，甚至草木禽獸之心，並無太大差異，皆是活生生的、活潑潑的生命體。這與儒家傳統所講的「天命流行不已成為吾性」之本意有一定距離。即，前者是指人之性體，即是心體，乃是能創造道德、實現道德之仁體，而朱子心之「生生義」只是活動之意，未曾有創生道德的本意。故朱子未曾把在道德意義上的仁與人心視為統一體，而在他講「仁人心也，不是把仁來形容人心，乃是把人心來指示仁」〔註36〕以及「愛非仁，愛之理是仁。心非仁，心之德是仁」〔註37〕之時更明顯地表示此「生生義」之有限。

（2）性

朱子的性，只繼承程伊川之「性即理也」之觀點，而與孔孟、陸王之「心即理」不同。如前一章所述，孔孟、陸王系統裡，道德本體是從主觀的「心」（惻隱、羞惡、辭讓、是非之心等）開始，自客觀、普遍之角度看便是仁義理智之性，而從通貫古今、永恆不易之角度看便是天理、天道。所以，儒家

〔註32〕《朱子語類》第六卷。
〔註33〕《朱子語類》第六卷。
〔註34〕《朱子語類》第五三卷。
〔註35〕《朱子語類》第五三卷。
〔註36〕《朱子語類》第五九卷。
〔註37〕《朱子語類》第二〇卷。

正宗之性，即是心，亦即是理，「即存有即活動」之道德本體，而朱子的性則與心體隔斷，變爲「只存有不活動」〔註38〕之道德實體。換言之，朱子的性之「天命義」與「純善義」與儒家正宗有相通之處，但它的「不動義」則只有在朱子系統裡才被發現的獨特概念。

① 天命義

儒家的天理，總括地講有「天道」、「天命」、「太極」、「太虛」、「誠體」、「神體」、「仁體」、「中體」、「性體」以及「心體」等，通貫主觀—客觀—絕對的道德本體。以上十個觀念，雖然各有它的分際，但總是意指天理實體而言。這個天理實體，按照蔡仁厚先生分析，有三種含意。一、靜態地爲本體論的「實有」；二、動態地爲宇宙論的「生化之理」；三、同時它亦是道德創造的「創造實體」。〔註39〕

描寫朱子的「性」時，常常用「形上的實有」、「天賦的存有」、「先在的給定」〔註40〕等的術語，這反映儒家「天理」的種種含意中的第一個意思，且只能反映這個意思。朱子的性之所以談不上是個「生化之理」，是由於朱子的系統裡，理必須要與氣合在一起（理承氣動）才能生化萬物。且朱子的性亦不能說是「創造實體」，因爲它是「先在的給定」，吾心生而已經具備在內，所以吾人至多呈現它、實踐它、服從它，但不能真正地「創造」它。不論朱子的性還是天上的實有，皆是天賦予給人的道德本體。這就表示，吾人之性的道德根據在於天，根據於永恆不變的實體，道德本體因而就得了絕對性及權威性。

朱子強調「人性」是天賦於人的：

> 性者，人所受之天理。天道者，天理自然之本體。其實一理也。
> 〔註41〕
> 天所賦爲命，物所受爲性。賦者命也，所賦者氣也；受者性也，所受者氣也。〔註42〕

〔註38〕 「即存有即活動」與「只存有不活動」是牟宗三先生的用語，參見：《心體與性體》共三冊，正中書局，民國79年出版。

〔註39〕 參見蔡仁厚，《儒家心性之學論要》，文津出版社，民國79年出版，240～1頁。

〔註40〕 「先在的給定」這一詞較爲陌生；關於這一詞的用法，參見馮達文著，《宋明新儒學略論》，第三章中〈朱熹：以知識論爲進路的功夫論〉，132～153頁。

〔註41〕 《論語性與天道章集註》。

〔註42〕 《朱子語類》第五卷。

> 理者，天之體；命者，理之用。性是人之所受，情是性之用。〔註43〕

人從天所受到的理，到底是什麼樣子的理呢？如「天所賦爲命，物所受爲性」中可見，人性與物性皆受天命；這是否意謂人性與物性有同樣的本質？朱子又說：

> 天下無無性之物。蓋有此物，則有此性；無此物，則無此性。〔註44〕
>
> 性只是理。萬理之總名。此理亦只是天地間公共之理，稟得來便爲我所有。〔註45〕

在此可見，天下有物，則有其性。這裏出現一個問題：它稟受的「天地間公共之理」，是「仁義禮智信」之道德本體，還是「存在之所以然」之基本原理？朱子有時說「虎狼之仁」、「豺獺之祭」、「蜂蟻之義」〔註46〕等，好像承認禽獸草木等之類亦有道德意義上之理。然則他又說：

> 天地生物，有有血氣知覺者，人獸是也。有無血氣知覺而但有生氣者，草木是也。有生氣以絕，而但有形質臭味者，枯槁是也。是雖其分之殊，而其理則未嘗不同。但以其分之殊，則其理之在是者不能不異。故人爲最靈而備有五常之性，禽獸則昏而不能備。草木枯槁則又并與其知覺者而亡焉。但其所以爲是物之理，則未嘗不具耳。若如所謂纔無生氣便無此理，則是天下乃有無性之物，而理之在天下，乃有空闕不滿。〔註47〕

由此可見，人具備著五常之性，而禽獸等則有偏差，不能完備。至於單純的生物及非生物而言，更談不上具有著五常等道德意義上之理。所以，「天地間公共之理」，即人類、禽獸、草木和非生物皆共同地稟受之「天命」，只是它們之所以爲「存在物」之理而已。在此，道德的「權威性」在何處呢？也就是說，即使人之性是從天稟受的，但人之性與物之性並無分別，皆爲存在之理，人爲何努力服從於「天命」呢？朱子說：

> 問：「純亦不已」是理是氣？曰：是理。「天命之謂性」，亦是理。天

〔註43〕 《朱子語類》第五卷。
〔註44〕 《朱子語類》第四卷。
〔註45〕 《朱子語類》第一一七卷。
〔註46〕 朱子說：「在人，則蔽塞有可通之理；至於禽獸，亦是此性，只被他形體所拘，生得蔽隔之甚，無可通處。至於虎狼之仁，豺獺之祭，蜂蟻之義，卻只通這些子，譬如一隙之光。」《朱子語類》，第四卷。
〔註47〕 《朱子全集》卷五九，答余方叔。

命，如君之命令；性，如受職於君。〔註48〕

問：性固是理。然性之得名，是就人生稟得言之否？曰：「繼之者善，成之者性。」這箇理在天地間時，只是善，無有不善者。生物得來，方使名曰「性」。只是這理，在天則曰「命」，在人則曰「性」。〔註49〕

在此明顯地指出天理之「權威性」。「理」在天曰「命」，在人曰「性」；天命「如君之命令」，而人性「如受職於君」。但人畢竟是「最靈而備有五常」之獨特生物，其職業應該與禽獸不同。在上一節我們探討人心之「知覺義」時，亦簡略地提到此職業之性質：

心者能思，而以思爲職。凡事物之來，心得其職，則得其理，而物不能蔽。〔註50〕

人的知覺、思慮、照明於天理，就是人心之職責；雖然人所知覺的是吾心裡的性，但因爲吾人之性就是稟受天之「命令」，吾心之職責也可說是服從天之命令了。至於朱子如何說明天理本身具有著如此的權威，則是後來〈朱子倫理體系之綜合〉裡所討論的課題。

② 純善義

朱子的人性稟受天理，本無不善；此至善無惡之性，又被稱爲「本然之性」、「天命之性」或「天地之性」。本然之性，就其特質而言，是純善的、合當的、當然的；就其內容而言，具備著五常（仁義禮智信）。朱子說：

性是合當底。〔註51〕

性則純是善底。〔註52〕

心有善惡，性無不善。〔註53〕

性是實理。仁義禮智皆具。〔註54〕

性只是理。〔註55〕

〔註48〕《朱子語類》第四卷。
〔註49〕《朱子語類》第四卷。
〔註50〕《孟子集注》卷十一，告子上。
〔註51〕《朱子語類》第五卷。
〔註52〕《朱子語類》第五卷。
〔註53〕《朱子語類》第五卷。
〔註54〕《朱子語類》第五卷。

朱子這裏講性之所爲「實理」，我們則可與孟子「從心指性」的觀念比較。孟子講「惻隱之心，仁也」，而指出仁是根據於「惻隱之心」之實體而呈現。但在此朱子所謂性之實理，只是對存在之實有而言，而不是對道德心或道德情感之實有而言。因爲性是「無形無影」的，只是理而不是氣，所以「仁義理智」之實理則是存在意義上之實體。他說：

> 程子「性即理也」，此說最好。今且以理言之，畢竟卻無形影，只是
> 這一箇道理。在人，仁義禮智，性也。然四者有何形狀，亦只是有
> 如此道理。〔註56〕

由此可知，對朱子而言，仁義禮智皆無形狀，是形上之抽象體，但仍然存在著，因此可謂是「實有」。

不論如何，仁義禮智在人則變成人性，皆無不善。由此就人性之特質而言，與孟子的「性善說」相當類似；朱子本人亦如此認爲：

> 性即理也。當然之理，無有不善者。故孟子之言性，指性之本而言。
> 然必有所依而立，故氣之稟不能無淺深厚薄之別。〔註57〕

據此，雖然人之本性是至善的，但我們之所以仍發見人之種種不善，乃是人稟受不同氣質之緣故。然則，朱子亦有「氣質之性」之說法，這是不是人的不善之根源？除了本然之性外，人是否有另外的性，即有善有惡的「氣質之性」呢？朱子則反對本然之性外還具有另外的性之觀點。他說：

> 又謂「枯槁之物只有氣質之性，而無五常之性」，此語尤可笑。若
> 果如此，則是物只有一性，而人卻有兩性矣。此語非常醜差蓋由
> 不知氣質之性只是此性墮在氣質之中故隨氣而自爲一性，正周子
> 所謂各一其性者，向使元無本然之性，則此氣質之性又從何處得
> 來耶？〔註58〕

據這一類的話，朱子的「氣質之性」本來就是本然之性與氣質（非氣質之性也）化合而成的，不是原來就有不同的性。這種理解，則與張橫渠及程伊川之理解不同，因爲他們將「氣質之性」與「天地之性」解釋爲兩個各自獨立的概念，各屬於不同的領域。但朱子卻不認爲是兩個性，根本上只

〔註55〕《朱子語類》第四卷。
〔註56〕《朱子語類》第四卷。
〔註57〕《朱子語類》第四卷。
〔註58〕《朱子文集》卷五八，答徐子融三。

有一個性。他答門人方伯謨曰：「大抵本然之性與氣質之性亦非判然兩物也。」〔註59〕在答門人嚴時亨曰：「氣質是陰陽五行所為，性即太極之全體。但論氣質之性，則此全體墮在氣質中耳，非別有一性也。」〔註60〕他還數次提出氣質之性與本然之性並非二物，關於這一點我們在〈朱子的理氣論〉裡再討論。

　　朱子之所以如此重複地說明氣質之性與本然之性不是二物，歸根結蒂亦是強調性之純善義。我們不能把惡之根源歸於性，而只能歸於「氣質」。若人有稍為不善的話，不是人性主動地去做不善，而是被動地墮在不善之中而已。朱子說：

> 人性本善而已，才墮入氣質中，便薰染得不好了。雖薰染得不好，然本性卻依舊在此，全在學者著力。今人卻言有本性，又有氣質之性，此大害理。〔註61〕

人性必須本善，才可與絕對不變的天理等同起來，這樣才可以說「性即理」。此「性即理」的說法，含意著性不僅在它的本質上（形而上的結構方面）與理等同，而且它在道德上亦與純善之理等同。朱子一直地主張人只有一性一心；但人心與道心則道德層次上截然不同，從這一點而言，本然之性與氣質之性是否在它們的道德層次上就有所不同呢？朱子認為本然之性與氣質之性不是人心道心那樣可以比較的，因本然之性即是理而已，而氣質之性則是理與氣之混合。性即理，且只是理，不是理與氣之綜合，因此只是善，不能有善有惡。

③ 無動義

　　朱子常說「未發之性」，而學者說「只存有不活動之性」，皆表示性之「無動義」。我們討論「心」的功能時也看到，心具理（性），而理被心所具；心知覺性，而性被心所知覺；心運用性，而性被心所運用。可見，心是主動的、活動的、有功能的；性是被動的、無活動的，本身沒有積極的功能。

　　我們討論性之「天命義」時也看到，性是存在之實有，並不是創生、創造的實體。我們討論性之「純善義」時也看到，性本善，不能自己改變其本質，而在墮入時才與一些不善之因素所污染。這些皆含蓄著性之不動義。

〔註59〕《朱子文集》卷四十四。
〔註60〕《朱子文集》卷六一。
〔註61〕《朱子語類》第九五卷。

關於性之不動義，朱子說：

> 未發是性，已發是善。〔註62〕

> 人生而靜，靜者固其性。然只有生字，便帶卻氣質了。〔註63〕

所謂「未發」，指《中庸》第一章之「喜怒哀樂之未發，謂之中；發而皆中節，謂之和。中也者，天下之大本也；和也者，天下之達道也」裡的「未發」，是喜怒哀樂等的情感還沒發出來時的安靜狀態。朱子定論「未發是性，已發是情」亦是這個意思。由此可知，性之所以被心所運用、所知覺、所「墮入」，主要原因是性本身是靜態的實有。人生而靜，從「生」字看出人之氣質，而從「靜」字看出人之本性。但這並不表示性自己本身能「靜」。按照朱子：

> 人生而靜以上，即是人物未生時，只可謂之理，說性未得。此所謂在天曰命也。纔說性時便已不是性者，言纔謂之性，便是人生以後，此理已墮在形氣之中，不全是性之本體矣。〔註64〕

這裏朱子說明，人物還沒生出來時，並無「人性」或「物性」，只有形上之理，即人物可以（但還沒）在這世界上存在之理。朱子說「蓋有此物，則有此性；無此物，則無此性」〔註65〕，也就是說，人未生時並沒有這人性，人性是人生以後才可以看見的，但「生」字已帶來氣質，從而人性已有「動、靜」的概念在內。但此並不代表性本身在活動。關於「已發未發」與性之動靜，朱子說：

> 夫易，變易也。兼指一動一靜，已發未發而言之。太極者，性情之妙也，乃一動一靜。未發已發之理也。〔註66〕

> 未發之前，太極之靜而隱也；已發之後，太極之動而陽也。其未發也，敬爲之主而義已具；其已發也，必主於義而敬行焉，則何間斷之有哉！〔註67〕

值得注意的是，太極，即形上之天理，是「性情之妙」，是「未發已發」之理。太極是動靜之理，能動能靜之根源，不是自己本身動靜。未發時，太極之「靜而隱」，指性之「寂然不動」之狀態。已發時，太極「動而陽」，指情之發而

〔註62〕 《朱子語類》第五五卷。
〔註63〕 《朱子語類》第九五卷。
〔註64〕 《朱子語類》第九五卷。
〔註65〕 《朱子語類》第四卷。
〔註66〕 《朱子文集》卷四二，答吳晦叔四。
〔註67〕 《朱子文集》卷四十，答何叔京二九。

呈現性之本體之狀態。我們在此必須注意，這裡的「性」是「氣質之性」，而不是「本然之性」：本然之性，只是理（天理，太極）而已；氣質之性，就是本然之性墮在氣質中。人生而後可見的人性皆是氣質之性。「未發、已發」皆指喜怒哀樂等的氣質之動靜（或有否所發），所以「未發之性」指本然之性墮在未發之氣質中，而自成一家為「氣質之性」。換言之，不論「本然之性」或「氣質之性」，動靜是屬於氣質，不屬於「性」本身。性本身無動靜，它是動靜之理，動靜之妙而已。朱子常常強調「性只是理」，以表明無動靜之性（包括氣質之性在內）本身應該與有動靜之氣質區分開來，這樣我們才能看清動靜、善惡、體用等道德活動之結構。

朱子又說：

> 問心之動、性之動。曰：動處是心，動底是性。〔註68〕

> 性者，理也。性是體，情是用。性情皆出於心，故心能統之。

朱子所云「動底是性」有何意？若比喻於一隻手錶：表面上，我們只可以看到秒針在移動，但看深一層，我們會發現動處不是秒針本身，而是手錶裡面電池的電力。這樣看，秒針是性（手錶之體），電力是情（手錶之用），安排使電力移動秒針是心（體用之綜合）。所以雖然我們看的是秒針之運動，真正的動力卻不屬於秒針本身，因此不能說秒針本身有動。朱子說：

> 一心之中自有動靜，靜者性也，動者情也。〔註69〕

> 外面發出來底，便知是性在裡面。〔註70〕

第一句是釐清性、情本身之動靜。第二句則是需要補充說明。「外面發出來底」，應指情之發。由情之發而中節，便知情是按著性而發的。這意義上之性就是規律、合當義上之性，就其道德意義上面講，則是「純善義」了。我們在此可以再提出上述的「手錶」比喻，但深一層看：朱子說「性是體，情是用」，也同時說「性是無形狀的」，所以這一次，性是使手錶規律地運動之「原理」，情仍舊是從電池發出來的電力，而心是依手錶之「原理」，使電力連到秒針之功能。所以，我們看秒針動的時候，亦可看出電力，而從電力之合當地轉動秒針可以推出，有一定的原理在手錶之內。不論性是秒針是理，它仍然是依著心活動的寂然不動的實有。

〔註68〕《朱子語類》第五卷。
〔註69〕《朱子語類》第九八卷。
〔註70〕《朱子語類》第二〇卷。

（3）情

歷代以來「情」字，無疑是指感情，包括惻隱、羞惡、辭讓、是非之「四端」與喜怒哀樂愛惡欲之「七情」。然則，孟子的「四端」不僅指情，而亦是指道德心、性、理，即體即用，通貫主客，既實踐又創造的道德實體。「七情」則比較為中性的種種感情，孔孟、陸王少談七情的問題。至於「四端」與「七情」是否有一樣的本質，則是朝鮮理學家的熱門話題。簡略地講，一派主張「四端」與「七情」本質上是一樣的，只前者是依理而中節的感情而已。另一派主張「四端」是從「理」發出來的，而「七情」是從「氣」發出來的，它們的來源截然不同，所以它們不可能有一樣的本質。還有一些提出「折中」（調解）之方案，但其詳細內容及過程，非本文討論之範圍。

對朱子而言，四端七情皆是情，他說：「愛是惻隱，惻隱是情。」〔註71〕而且，四端七情之外，違反四端之各種感情亦是情，他又說：「所謂四端者，皆情也。仁義禮智四件無不善，發出來則有不善。殘忍便是那惻隱反底。冒昧便是那羞惡反底。」〔註72〕

在朱子的體系裡，「情」以四端七情為其內容，而以「發用」為其意義。所謂情之「發用」有兩個意義：一是「發動義」，二是「用具義」。前者指情之動（其本身之特質），後者指情之被動（被心運用而中節）。在談「發動義」時並談心情之動有何不同處，而在談「用具義」時並談情之善惡問題。

① 發動義

朱子常言「情者性之動」、「動處是情」、「陽氣發動處是情」〔註73〕等，從此不難推測情是一個動的實體。朱子言心統性情時，特別強調性之「不動義」與情之「發動義」。朱子云：

〔喜怒哀樂之〕未發是性，已發是情。〔註74〕

性以理言，情乃發用處，心即管攝性情者也。故程子曰「有指體而言者，『寂然不動』是也」，此言性也；「有指用而言者，『感而遂通』是也」，此言情也。〔註75〕

〔註71〕《朱子語類》第二十卷。
〔註72〕《朱子語類》第五九卷。
〔註73〕皆在《朱子語類》第五卷。
〔註74〕《中庸》，第一章疏解。
〔註75〕《朱子語類》第五卷。

依朱子「寂然不動」是性，「感而遂通」是情；由此看，情確是動的事物。然心亦是應物而感，按性而行的動的實體；情之動與心之動有何分別？

　　朱子在「中和舊說」裡，本說「性是未發，心是已發」，而後來在「中和新說」裡便將之改成為「性是未發，情是已發」。所謂「未發」，指還沒發生之事前狀態，而「已發」，指已經發生的狀態，已經做完的結果。「未發」與「已發」皆指某種狀態；不論靜的狀態或動的狀態，「狀態」已帶著一些被動的概念。譬如，我們把一條魚從水裡拿出來時，這條魚在陸地上，還是會掙扎亂動的；在此，這條魚的「亂動」與我手的「移動」，雖皆為「動」，但兩者是不同的。我們從此比喻可以這樣說：心之動是主動中的動，而情之動是被動中的動。心之動只是在「進行中」才可成立，而情之動是在「進行完」後方可成立。

　　從另外的角度觀之，性是「心氣活動所遵依的標準」，而情是「心氣之發」、「心氣之變」，即心的動態的用具。此「用具義」，也可說是「心行動地統攝情而敷施發用」〔註76〕了。

② 用具義

　　情是動的「氣之發」，但其動只是性質的動，不是功能的動。如水之流動，雖然其發源地是水本身之理，流動之方向則是心所決定的。所以水不一定往下流，而可以往東南西北任何方向流動，甚至往上流。朱子說：

> 性不可言。所以言性善者，只看他惻隱、辭遜四端之善則可以見其性之善。如見水流之清，則知源頭必清矣。四端情也。性則理也。發者，情也，其本則性也。〔註77〕

情之發源處是性，性是情之根本。朱子云：「情者，性之所發。」〔註78〕又云：「性是根，情是那芽子。」〔註79〕既然情是根於性，而且其本身是活動的，若心不主宰、不控制，而使情自由流動，情是否會必然善？朱子不以為然：

> 感於物者心也，其動者情也。情根乎性而宰乎心。心為之宰，則其動也無不中節矣。何人欲之有！惟心不宰而情自動，是以流於人欲

〔註76〕參見蔡仁厚著，《宋明理學‧南宋篇》（學生書局，民國72年出版），200～201頁。

〔註77〕《朱子語類》第五卷。

〔註78〕《朱子語類》第五九卷。

〔註79〕《朱子語類》第一一九卷。

> 而每不得其正也。然則天理人欲之判，中節不中節之分，特在乎心
> 之宰與不宰，而非情能病之，亦已明以。蓋雖曰中節，然是亦情也。
> 但其所以中節者乃心爾。〔註80〕

朱子明白地表明，「心不宰而情自動」的話，情則會「流於人欲」而「不得其正」。因此，雖然情是根於至善無惡的性，它還需要心之宰制及「中節」。好比核電廠的核電一樣，若控制得好的話，則是極為實用的電力，但若讓它自由地、不斷地核反應下去，最終會導致核電廠爆炸，由實用的電力，變成威脅天下蒼生、塗炭生靈的炸彈。如此看來，情是否「無善無惡」的、中性的工具而已呢？朱子亦不以為然：

> 問性情心仁，曰：橫渠說得最好，心統性情者也。孟子言惻隱之心
> 仁之端，羞惡之心義之端，極說得性情心好。性無不善，心所發為
> 情，或有不善。說不善非是心亦不得，卻是心之本體本無不善，其
> 流而為不善者，情之遷於物而然也。〔註81〕

由此可見，情不是「無善無惡」的工具，而是「有善有惡」的東西。所謂「有善有惡」，意謂有道德價值內在。但問題是，既然它無法控制自己，而需要心之主宰，它流於人欲就是心主宰得不好，所以惡應當是心，而不是情。「不知者不罪」、「應該含意著可能」等成語，皆表示這個道理。

所以在此我們必須區分「功能之不善」與「狀態之不善」。心不知覺於本性（義理）而知覺於氣質，功能之不善也。殘忍是沒被心所中節而發的情，此乃狀態之不善也。殘忍、冒昧，不是性，亦不是心，而是情；它們違背本性而發，所以導致不善的狀態，即情之不善。

惻隱、羞惡、辭讓、是非等的情感，是按照性之仁義禮智而發的。但殘忍、冒昧等的情感，是「遷於物」而成的。情感若「自動」就會「流於人欲」，是否表示情本身包含不良的因素？朱子答云：

> 若夫為不善，非才之罪也，是人自要為不善耳，非才之不善也。情
> 本不是不好底，李翱滅情之論跡近釋氏。程子情其性性其情之說，
> 亦非全說情不好。〔註82〕

> 情不是反於性，乃性之發處。性如水，情如水之流。李翱復性則是，

〔註80〕《朱子文集》卷三二，答張敬夫。
〔註81〕《朱子語類》第五卷。
〔註82〕《朱子語類》第五九卷。

> 云滅情以復性則非。情如何可滅。此乃釋氏之說，陷於其中不自知，
>
> 不知當時曾把與韓退之看否？〔註83〕

朱子在此反對佛教之「滅情」及李翱之「滅情復性」論而說，情本身不是不好的，而是像水之流那樣自然的。因此，我們不僅無必要滅它，而且不可能滅它。有水則不能滅水流，能有效控制水流，就無滅水流的道理。然則，朱子何必強調情根於性、發於性？若情不是根於性，亦可以根於氣質；氣質也不一定是不好的，被「中節」發善出來，不被「中節」則發惡出來。這樣，情「根於氣質」更有說明的說服力，它為什麼不是「純善無惡」而「有善有惡」。朱子說：

> 有這性，便發出這情；因這情，便見得這性。因今日有這情，便見
>
> 得本來有這性。〔註84〕

由此推出，情不僅僅是「氣之發」、「氣之變」，而是心之「實現道德本體」之「用具」；換言之，若情不是根於性，縱使心宰制它為「發而中節」，所中節而呈現的只是「氣」，而不是「道德本體」。所以，若我們工夫的終極目的在於呈現道德本體的話，情必須要根於性。

　　總括地說，情雖動，但不能主宰自己本身，所以被心所「具」。情雖有善有惡，但還根於性，所以被心所「用」來呈現道德本體。由此觀之，情除了「發動義」之外，還有「用具義」。

2. 心性對言

　　朱子將心性對言，則可從三個觀點來分析心性之不同。即：一、本質上之不同；二、道德上之不同；及三、功能上之不同。在此只簡略地談及本質上之不同，由於心性本質上之不同與理氣論相涉，故在〈朱子的理氣論〉中，有較詳細的論述。心性道德上之不同與功能上之不同，其實一脈相承。也就是說，「心有不善而性無不善」之道德上的差異，實際上已包含著心的功能之成功與失敗。至於性本身，它無積極的功能，所以自然沒有功能之成敗可言。

（1）心、性本質上之不同

　　據《朱子語類》，朱子的弟子以及學者常問心性有何分別，朱子只有回答「自有分別」，而沒有一次回答說心性本無分別，或心即理（心即性）。後來學者解

〔註83〕《朱子語類》第五九卷。

〔註84〕《朱子語類》第五卷。

釋朱子時，不少論者見朱子的「理在心裏」、「心與理合一」等的話而望文生義，不顧整體之脈絡而主張朱子的心性論並不是二元論。〔註85〕但朱子卻說：

> 靈處是心抑是性？曰：靈處只是心，不是性。性只是理。〔註86〕

> 心與性自有分別。靈底是心，實底是性。靈便是那知覺的。如向父母則有那孝出來，向君則有那忠出來，這便是性。如知道事親要孝，事君要忠，這便是心。〔註87〕

> 或問心性之別。曰：這箇極難說，且是難爲譬喻。……性雖虛，都是實理。心雖是一物，卻虛，故能包含萬理。這箇要人字體察始得。〔註88〕

由「只是心，不是性」、「心與性自有分別」等的話可見，心性之對立，彰彰甚明。心是靈處、知覺，如知道事親要孝，事君要忠；但是它本身是氣，是空的物，所以本身不是「孝」、「忠」等實際的道理，而只是具有「孝」、「忠」的萬理在內。性是「向父母則有那孝出來」、「向君則有那忠出來」的實際道理，但他本身只是理，不是氣，因此不能成爲形象的物體，所以被物（心）所具有。總括地講，心是虛空的氣，性是實有的理。心包萬理而得實有，性承氣動而得形象。

（2）心、性道德上之不同

心性在道德層次上之不同，則以「心有善惡，性無不善」〔註89〕這句話概括。我們談及性之「純善義」時，已說明性即是理，至善無惡的道德本體。而且，情自身亦有善惡的分別，如惻隱、羞惡是善的情感，殘忍、愚昧則是惡的情感。然則，心的善惡是如何決定呢？《朱子語類》記載云：「或問：心有善惡否！曰：心是動底物事，自然有善惡。」〔註90〕由此看來，凡是動的

〔註85〕 譬如，蒙培元《理學的演變》（文津出版社印行，民79年，57頁）裡說：「所謂不是『理在前面爲一物』，實際上就否定了心外之理。所謂主宰，不是別的，它就是心，也就是理。……這樣說來，心和理完全是一個東西都是主宰之意。可見，『心即理』和『性即理』，實際上是可以相通的，在朱熹這裏也是很難區分的。……他承認在『心與理一』這一點上同陸九淵並無不同」。

〔註86〕 《朱子語類》第五卷。

〔註87〕 《朱子語類》第十六卷。

〔註88〕 《朱子語類》第五卷。

〔註89〕 《朱子語類》第五卷。

〔註90〕 《朱子語類》第五卷。

事物，則有善惡之分；情如是，心也如是。

　　但朱子爲什麼不說，靜的事物「自然有善惡」呢？這可能是因爲朱子的道德系統裡，沒有「純惡」的本體。「惡」只是與「善」相對而言的，「離善則惡」、「無善便惡」、「違仁則惡」、「殘忍便是那惻隱反底」等，皆表示「惡」的行爲並不是另有一個根源，而是離開善的本體則變成爲惡。所以心的本體，即心的根源未嘗不善，但因爲心有動靜，能夠離開善的本體，故自然有流於惡的機會。因而「心有善惡」不是說心的本體有善有惡，而是說知覺善是心之動，而流於惡（違背善）亦是心之動，所以心之動自然有善惡。朱子說：

　　　　或問：心有善惡否？曰：心是動底物事，自然有善惡。且如惻隱是
　　　　善也，建孺子入井而無惻隱之心，便是惡矣。離著善，便是惡。然
　　　　心之本體未嘗不善。又卻不可說惡全不是心。若不是心，是甚麼做
　　　　出來？〔註91〕

心之本體是空虛的，但心是動的事物，存著善則善，離著善則惡。我們不能因心本體的善而定言惡全不是心；離開本體是心之過，如果不是它的過失，是什麼東西又使它做出來呢？

　　我們在此釐清心之動靜爲什麼「自然有善惡」。但心爲什麼離著善，去作惡呢？此則在下一段簡單地說明，而討論「人心道心」時再詳細地探究。

（3）心、性功能上之不同

　　在朱子的系統裡，心是功能；如上已述，它自有「具理」、「知覺」、「主宰」、「生化」等功能。性只是理，純善無惡的天理本體，無動靜所以無功能可言。

　　接著上段，心有善惡而性無不善，這表示心之本體以及心所具有之理無不善，但心之動自然有離開善而流於惡的可能性。所以，心之惡是因爲離開它的本體而發生，不離開善就沒有惡可言。惡出於心之動，出於心的功能之失敗；這是否代表心最好不要動，是否表示我們要實行「滅情復性」的方法？關於後者，我們已探討過，朱子反對「滅情復性」的方法，一是因爲它是釋氏（佛教）的說法，二是因爲情本身不可（也不用）消滅。〔註92〕而至於前

〔註91〕《朱子語類》第五卷。
〔註92〕關於詳細的部分，參見《朱子語類》第五九卷。

者，「心不動而不離開善」之方，談何容易？不離開善也需要學習、修養工夫；若放縱心，它只會隨其所好，高者過，卑者不及，而連自己也不知道自身之過或不及。孟子五十才達到「不動心」的境界，而孔子七十才能夠「從心所欲不踰矩」。朱子說：

> 熹竊謂人之所以爲學者，以吾之心未若聖人之心故也。心未能若聖人之心，是以燭理未明，無所準則，隨其所好，高者過，卑者不及，而不自知其爲過且不及也。若吾之心即與天地聖人之心無異矣，則尚何學之爲哉？〔註93〕

天命之謂性，天理流行而成爲人性，所以人生而具有萬理。人生而靜，毫無私欲，但人之心不斷地流行，流於私欲，弊於物質，離開善而去作惡也。換言之，人生而具有天理的同時，未明如何運用自身具有的天理。就心的本質而言，眾人之心與聖人之心皆具有萬理，無所差異；但就其功能而言，眾人的知覺遠遠不及聖人之知覺了。

朱子說：

> 心之全體渾然虛明，萬理具足，無一毫私欲之間；其流行該遍，貫乎動靜，而妙用又無不在焉。故以其未發而全體者言之，則性也。
> 〔註94〕

喜怒哀樂之未發，是性的全體，而喜怒哀樂已發，是情之發動。使情發而中節，從而使性之本體呈現出來，是心之功能。心的目的盡其功能，即：通貫動靜，統攝性情，應接萬物萬事而中節情感，呈現道德本體。能盡其心之功能者，可謂是聖人。朱子描寫聖人之心曰：

> 聖人之心，渾然一理。他心裏全包這萬理，所以散出於萬物萬事，無不各當其理。〔註95〕

由此可見，聖人之心，自覺他本固有之萬理，應接萬物而發出各自合當之情，從而成己成人成物。這是心的功能之盡處：即，知覺之清晰，主宰之自如，應接事物之廣大，皆是心之善。相反地，知覺之未明，流於物而不能自主，偏而不全，皆是心之惡。

這一節探究心性在道德層次上面之不同。性無有不善，心則有善有惡。

〔註93〕《朱子文集》卷四十二，答石子重。
〔註94〕《朱子語類》第五卷。
〔註95〕《朱子語類》第二七卷。

我們也探討，心之惡並不是因為心根於惡的本體，而是因為心有動靜，離著善而流於惡。我們又探討，能夠將心「不離開」善不是自然而然就達成的，而是需要不斷的修養工夫。心是功能，性是準則；功能有成敗善惡，但準則是絕對的，無成敗可言。總而言之，心與性，在本質上，在道德意義上，在功能之有否上，相對而不同也。

3. 人心道心

《尚書》云：「人心惟危，道心惟微，惟精惟一，允執厥中」一句話，宋明理學家極所重視，稱之為十六字傳心訣。朱子自入聖賢之學（儒學）到其晚年，力於揭示「人心道心」之義。他在《中庸章句序》云：

> 自上古聖神，繼天立極，而道統之傳，有自來矣。其見於經，則允執厥中者，堯之所以授舜也。人心惟危，道心惟微，惟精惟一，允執厥中者，舜之所以授禹也。蓋嘗論之，心之虛靈知覺，一而已矣，而以為有人心道心之異者，則以其或生於形氣之私，或原於性命之正，而所以為知覺者不同，是以或危殆不安，或微妙而難見耳。然人莫不有是形，故雖上智不能無人心。亦莫不有是性，故雖下愚不能無道心。二者雜於方寸之間，而不知所以治之，則危者愈危，微者愈微，而天理之公，卒無以勝夫人欲之私矣。精則察夫二者之間而不雜也。一則守其本心之正而不離也。從事於斯，無少間斷，必使道心長惟一身之主，而人心每聽命焉，則危者安，微者著，而動靜云為，自無過不及之差矣。夫堯舜禹，大聖也，以天下相傳，大事也，而其授受之際，丁寧告戒，不過如此，則天下之理，豈有加於此哉？〔註96〕

此序概括朱子對人心道心之見解。其他文獻裡出現的種種解釋及比喻，只是為了補充以及暢通這序言的道理而已。此序明確地說明，人心道心之差只在「所以為知覺者」之不同，人心「生於形氣之私」而道心「原於性命之正」而已。然「生於氣」及「原於性」之話頭，恐怕有引起誤導之虞。所謂「誤導」有三：一、認為人心道心是根源不同的二心；二、人心是惡，而道心是善；三、人心即是心，而道心即是性。

〔註96〕《朱子文集》卷七六，〈中庸章句序〉。

在此章序裡，朱子對此種誤解已有初步的說明。一、朱子以「心之虛靈知覺，一而以矣」這句話表明人心道心之不二。二、朱子以「人莫不有是形，故雖上智不能無人心。亦莫不有是性，故雖下愚不能無道心」及「二者雜於方寸之間」，表明人心道心之分別不是善惡之分別。若人心是惡的話，則至善無惡之聖人（上智）不可能有人心。若道心是善的話，冒昧無知的眾人（下愚）不可能有道心。三、道心是命令人心的「一身之主」，使「危者安，微者著」的「動靜」，所以不可以與「無動靜、無功能」的性等同起來。

（1）人心道心不是二心

朱子常強調人只有一個心。但是他的「人自有人心道心。一個生於血氣，一個生於義理」〔註97〕等觀點，似乎帶有從兩個不同的根源各自導出不同的心的意味。但朱子仍堅持說：「只是這一個心，知覺從耳目之欲上去，便是人心；知覺從義理上去，便是道心。」〔註98〕由此可見，他所謂「生於」並不是指「根於」，而是指「知覺於」的意思。他對「生」字的用法，如心的「生生義」，只是指活動，氣的運動之意，不是創造、創生、產生之意。

他又說：

> 若說道心天理，人心私欲，卻是有兩個心。人只有一個心，但知覺得道理底是道心，知覺得聲色臭味底是人心，不爭得多。……陸子靜亦以此語人非有兩個心。道心人心本只是一個物事，但所知覺不同。〔註99〕

這就是說，人心道心只是人的思維主體、知覺功能，而人用同一個功能去應接不同的對象。所以，人心道心不是指兩個不同的功能主體，不是如佛教的「觀心說」裡一心管乎另外一心似的。朱子反對佛教的這等說法而說：「則是此心之外復有一心而能管乎此心也。然則所謂心者，為一耶為二耶？」〔註100〕

人心道心不是二心的觀點，是對它們的本質而說的。它們的道德價值，

〔註97〕《朱子語類》第六二。
〔註98〕《朱子語類》第七八。
〔註99〕《朱子文集》卷七八。
〔註100〕《朱子文集》卷六七。

一個是危，一個是微，雖然不是善、惡之差別那麼明顯，但是人心仍可謂是向惡的進路，而道心則可謂是向善之進路了。所以就道德價值的實踐而論，道心應當爲人心之主，使人心「每聽命」。當代學者陳來評論朱子的「人心道心不是二心」說：

> 從實際上看，人的內心常常交織著感性欲念與道德觀念，甚至道德意識與非道德意識的衝突，道德活動的基本特徵就是用「道心」評判裁制「人心」。這種道德評價和自我控制的心理過程也可以說是一心管乎一心，兩種心互相鬥爭的過程。朱子的道心人心說本來是面對這一普遍現實的，但由於他爲防止混同佛教觀心說而強調只有一心，於是便無法對道德自我評價，良心控制的機制作出進一步說明。〔註101〕

依陳來先生，朱子如此強調一心之說，只有反對佛學之意義，而在道德意義上，一心之說反而有負面的影響，即不能進一步說明道心如何控制自己，如何自主、自律。但在朱子的道德系統裡，除了排斥佛教的觀心說之外，一心說還有理論上的必要。

　　念及「心有善惡」之觀點：心之善惡則是心的功能之成敗，而不是心的根源之好壞。朱子講「心有善惡而性無不善」時，實際上已表明心在道德層次上的兩種狀態。強調人心道心在道德意義上之兩種狀態，其實只是重複說明這一點而已。並且，在此強調人只有一心，當然不是說在道德層面上只有一個價值，譬如心的活動全善或全惡等，所以不能因此推出朱子的一心說，不能解決道德價值之間的交織和衝突。

　　朱子的一心說反而對解決道德價值之間的衝突有積極的作用。朱子的一心說的意義在於：先在心「本質」的問題上打個理論基礎，由此開展出解決道德問題的可能性。心的本質是功能、知覺作用；功能應當有好的功能及不好的功能，但好壞是功能的屬性，不是功能的本性。換句話說，若好壞確是心功能的本質的話，那麼我們就有兩種截然不同的功能，而善惡是此兩種功能的必然發展，如此說起，我們更無法說明心自己如何可能改惡成善，化惡爲善。「本質」是指事物的「原來如此」，不可改變的，事物之所以成爲這事物。若有兩個或以上的本質同時存在著，就很難另外給予正當的理由，爲何去消滅其中一個而保存另外一個。相反地，若只有一個

〔註101〕參見陳來，《朱熹哲學研究》，文津出版社，民國79年，200頁。

本質，而一個屬性合乎它的本質，而另一個不合乎它的本質的時候，「本質」自身則成爲「使所不符合調節爲符合」的理由。

譬如，手錶裡用電池的電力來規律地運作秒針的功能，是手錶功能之本質。有時手錶會故障，功能會壞掉；在這種情形下，我們會修理，回復功能原本的作用，使它做原來的任務。我們不會把壞掉的功能作爲它原來的本質，更不會說手錶本有好的功能和壞掉的功能。因爲手錶的功能只是一個，規律地運作，所以我們才會把不規律的原因加以調整，使它回復正常。

由此可見，朱子的一心說的重要意義，在於打個解決道德問題之理論基礎。朱子堅持人心道心之差別不是善惡的差別，亦是在同樣的脈絡上。

（2）人心道心不是善惡

朱子說「此心之靈，其覺於理者，道心也；其覺於欲者，人心也。」這裡很明顯地表示，道心的知覺對象是人性道德本體，而人心的知覺對象是形氣的「私欲」。在朱子的時代，通常以「公」爲好，以「私」爲不好，以「性」、「理」爲好，以「情」、「欲」爲不好。因而引起人心、道心所知覺的對象本身的善惡屬性問題。朱子所謂的「形氣之私」，不是指一般人所認爲的私念、自私，而是指自然生理之基本欲望。他說：「人心亦未是十分不好底人欲，只是飢欲食，寒欲衣之心爾。」〔註102〕又說：「所謂人心私欲者，非若眾人所謂私欲也。」〔註103〕

關於人心道心不等同於善惡，朱子說：

> 人心，堯舜不能無。道心，桀紂不能無。蓋人心不全是人欲。若全是人欲，則直是喪亂，豈止危而已哉。只飢食渴飲，目視耳聽之類是也。易流故危。道心，即惻隱羞惡之心，其端甚端甚微故也。〔註104〕

人心是在飲食男女之基本欲望上作反應，而道心是在惻隱、羞惡的道德情感上作反應。不論聖人或眾人，上智或下愚，皆有飲食男女的「人之大欲」。同時，依孟子，惻隱、羞惡、辭讓、是非的四端之心，亦是「人皆有之」。在朱子看來，「大欲」和「四端」本身不能成爲道德的善惡，（與孟子的「惻

〔註102〕《朱子語類》第七八卷。
〔註103〕《朱子文集》卷四二，答吳晦叔。
〔註104〕《朱子語類》第一一八卷。

隱之心，仁也」的真正意義有所差距），它們只是知覺對象之客觀存在而已。因為人人「皆有」大欲和四端，它們是給予（given）並內在於人，不是被人的知覺、主宰活動而呈現的結果。所以，四端只是端倪而已，大道的入口而已，「甚端甚微」而已，因此若不發展它、呈現它、顯現它，否則善端只會墮在迷霧中。與此相似，人心本身只不過是對付自然環境的生理作用而已，不是全惡的自私，故「不能無」亦「不可滅」。但像四端有善的根本一樣，此種生理欲望也有不好的根本。朱子說：

> 問：先生說，人心是形氣之私，形氣則是口耳鼻目四肢之屬，曰：
> 固是。問：如此則為可便謂之私。曰：但此數件物事屬自家體段
> 上，便是私有底物，不比道，便公共。故上面便有箇私底根本。
> 且如危，亦未便是不好，只是有箇不好底根本。〔註105〕

> 問：或生於形氣之私。曰：如飢飽寒暖之類，皆生於吾身血氣形
> 體，而他人無與，所謂私也。亦未能便是不好，但不可一向徇之
> 耳。〔註106〕

在此朱子說明，人心有「不好的根本」但本身不是不好的。這句話似乎需要補充說明。在孟子的系統裡，其根本好的東西便是好的東西（如四端便是人性、天理），其根本不好的東西便不值得一談（大欲便是禽獸之性，無天理可言）。但在朱子的系統裡，四端（好的根）並不能自身必然成為善的本體，而大欲（不好的根）也不一定自身成為惡的本體。既然人一定要照顧自己生理方面的需求，為什麼把這樣無可改變的事實視為惡的本體呢？道德理論有「應該含意著能夠」（ought implies can）的定律；道德的問題是「應不應該」的問題，而沒有「能夠」的情況下，不能要求人「應該」如何做。在朱子看來，「大欲」和「四端」是無法改變的、被給予的客觀事實，而這事實本身不能決定道德的善或惡。總之，「四端」與「大欲」不是善惡本身，而人心道心的對象，亦不是善惡本身。

　　然而，若「四端」與「大欲」是客觀適時的話，那麼「大欲」有「不好的根本」（而「四端」有「好的根本」）是甚麼意思？「大欲」的範圍是狹窄的，只能照顧自己而不能推及別人（朱子所謂的「他人無與」），所以它的根含著流於孤僻、徇私的可能性。相反，「四端」的範圍是廣泛的，惻

〔註105〕《朱子語類》第六二卷。
〔註106〕《朱子語類》第六二卷。

隱、羞惡、辭讓、是非皆是在人與人、人與物的關係中產生，所以自然包含著「推己及人」、「成立其大」、「盡心知性知天」（朱子所謂的「公共」）的可能性。這不同的可能性，就包含著不同性質的根源。所以，朱子所謂「好／不好的根本」是對爲善／爲惡的客觀條件（私人的範圍和公共的範圍）而言的。

這一小節說明了人心道心不等同於善惡，而它們的對象亦不是善惡本身。關於善、惡的發展過程，我們在討論「人心道心」與「心性」的關係後再加以探討。

（3）人心道心不是性情

上述朱子的人心不是惡的本體，這裡說明道心不是性（善的本體）。陳來先生對馮友蘭先生在他的舊著《中國哲學史》裡所說的「性爲天理，即所謂道心也」〔註107〕提出批評：「道心不是性，道心與人心不是體用關係。……道心與人心都是屬於已發之心，並不是性。」〔註108〕這一節將會分析出，陳來先生所認爲「道心不是性」是正確的，但他所認爲「道心與人心皆屬於已發之心」卻犯了錯誤。

關於前者，馮友蘭先生之說並非沒有根據，因爲朱子曾說過「性則是道心」〔註109〕的話。但有理由相信，朱子這段話的目的並不在於說明「道心即是性」，而是道心的對象是人的本然之性（或從本然之性發出來的四端）。而道心知覺地攝取它，具在裡面（具眾理、包萬理）；換個角度說，性是被道心所知覺、所具有，從而說「性則是道心」。就心性情之本質而言，性是體，情是用，而心是知覺於性而主宰情之統攝物。人心道心皆是知覺，不是體用。尤以朱子所說的：「指其發於義理之公者而言謂之道心」〔註110〕、「知覺從義理上去便是道心」〔註111〕等的話，可見道心與性不能直接等同起來。

關於後者，陳來「人心道心皆屬於已發之心」的說法，似乎得到不少學者的贊同。如唐宇元先生在《中國倫理思想史》裡說：「人心與道心對言，這兩者不是對立的。從道心與人心聯繫起來說，二者不是心之未發已發，

〔註107〕馮友蘭著，《中國哲學史》下冊，918頁。
〔註108〕陳來著，《朱熹哲學研究》，文津出版社，民國79年，198頁。
〔註109〕《朱子語類》第六一卷。
〔註110〕《大禹謨解》。
〔註111〕《朱子語類》第七八卷。

而是都屬於已發知心的知覺活動。道心是道德情感，人心是自然情感。」〔註112〕但朱子的系統裡，未發是性，已發是情；心的知覺活動既不能與「性體」等同，亦不能與「情感」等同。陳來先生的意思可能是，不論人心道心，它們的知覺「對象」必定是已發的情感，而「四端」及「生理欲望」皆屬於已發。但我們必須注意，心之活動，通貫動靜，主宰性情，不限於可見的、已發的情而已。朱子也說：

> 心者，人之知覺，主於中而應於外也。指其發於形氣者而言，則
> 謂之人心指其發於義理者而言，則謂之道心。〔註113〕

據此，人心之知覺活動，「主於中而應於外」，通貫動靜、內外者，不限於外在的活動。朱子又說：

> 遺書有言，人心私欲，道心天理。熹疑私欲二字太重，近思得之，
> 乃識其意。蓋心一也，自其天理備具隨處發見而言，則謂之道心。
> 自其有所營爲謀慮而言，則謂之人心。〔註114〕

可見，道心是就「具備天理而隨時隨處可以發出」的狀態而言的，此狀態並不全屬於已發之活動。同樣，人心是就「有所營爲謀慮」而言的，此狀態亦不全屬於已發之活動。總之，人心道心並不全屬於已發，而是通貫已發未發的知覺活動。

到此爲止，本文說明人心道心的意義，及澄清了一些學者關於人心道心本質的誤解。人心道心的差別已漸漸清楚：不是有兩個心的差別，不是善惡的差別，亦不是性情的差別。如朱子所說，它們的異處只是在於「所以爲知覺者的不同」。人心知覺於形氣，道心知覺於義理。但這差別，在道德善惡問題上，有何意義？我們在此討論人心道心與人向善、向惡的過程。

（4）人心道心與善惡之路程

如果說人心道心不是善惡之心，而它們的對象亦不是善惡的本體〔註115〕，那麼道德上的善、惡是從何而來？心有善惡，但人心道心卻不是善惡的標準。心的善惡是從何而來？

〔註112〕唐宇元著，《中國倫理思想史》，文津出版社，民國85年，256頁。
〔註113〕《朱子文集》卷六五。
〔註114〕《朱子文集》卷三二。
〔註115〕其實，道心的對象可以說是性、善的本體，其所知覺的微妙難見而已。但人心的對象卻不能說是惡的本體。

按李明輝先生，雖然很多學者研究朱子宏偉的道德系統，但談到其系統中的「惡的根源」之學者，則「令人驚訝」地少。〔註116〕李先生的立場是，朱子的道德系統，其結構上根本不能說明「道德之惡」如何形成。在他〈朱子論惡的根源〉一文的提要說：

> 本文從朱子底整個義理架構來探討他對「道德之惡」的說明，並指出其中所包含的理論困難。在朱子底義理系統中，「道德之惡」底形成不能歸諸「氣稟」，因為氣稟是被決定的，無主動性。它亦不能歸諸「氣質之性」，因為對朱子而言，「氣質之性」只是落在氣質中的「天地之性」，不是另一種「性」，而「性」只是理，僅是抽象的法則，不具活動義，故不能作為能為道德行為負責的道德主體。朱子有意賦與「心」一個相當於道德主體的地位，藉以說明「道德之惡」底根源及道德責任之歸宿。但在其理氣二分的義理架構中，「心」是有限心，屬於氣，無法超脫於氣稟之決定，故不足以作為真正的道德主體。總之，朱子底義理架構使他無法充分說明道德責任之歸屬，亦無法證成道德責任所必須預設的自由。〔註117〕

李先生說「道德之惡」的形成不能歸諸「氣稟」、「氣之之性」或「心」的本質，這三點是有道理的。惡的根源，不是情，不是性，亦不是心的「本質」。但我們需要注意，心的本質雖然屬於氣，但是亦不是情那樣被動的氣，而是有知覺、主宰等的功能之氣。心之惡，是在必要顧及形氣（人之生存欲望）的客觀環境下，不能進一步主宰人欲而產生。不能進一步主宰，是心功能之惡，不是心本質的惡。由此觀之，李先生的「心是有限心，屬於氣，無法超脫於氣稟之決定」是有問題的；若「氣稟」能夠「決定」的話（其實，理自己本身也是被動的，不能決定），這就是心的功能。「無法超脫於氣稟之決定」是情，不是心。朱子本人如何說明道德善惡形成的過程？我們先考慮《朱子語類》中的一段話：

> 或問君子不謂性命，曰：論來，口之於味，目之於色，耳之於聲，鼻之於臭，四肢之於安佚，固是性，然亦便是合下賦予之命。仁

〔註116〕參見李明輝著，〈朱子論惡之根源〉，在《國際朱子學會議論文集》上冊，中央研究院，民國82年5月，551～580頁。

〔註117〕同上，551頁。

之於父子，義之於君臣，禮之於賓主，智之於賢者，聖人之於天道，固是命。然亦是各得其所受之理，便是性。孟子恐人只見得一邊，故就其所主而言。舜禹相授受，只說人心惟危，道心惟微。論來只有一個心，那得有兩樣。只就他所主而言，那箇便喚做人心，那箇便喚做道心。**人心如口之於味，目之於色，耳之於聲，鼻之於臭，四肢之於安佚，若以物性所當然，一向惟意所欲，卻不可。蓋有命存焉。須著安於定分，不敢少過始得。道心如仁之於父子，義之於君臣，禮之於賓主，智之於賢者，聖人之於天道，若以爲命已前定，任其如何，更不盡心，卻不可。蓋有性存焉，須著盡此心以求合乎理始得。**〔註118〕

在此，朱子先講人所處境的客觀條件。所謂「客觀條件」，是指人無法改變的事實，即「命」。人有兩種「命」，一是「四肢之於安佚」的自然生存之「性」（可謂是「氣質之性」），二是「聖人之於天道」的理（可謂是「本然之性」）。既然兩個皆是「命」，人的心不得不顧及。孟子只講了後者，其實是因爲恐怕人只會注意一邊，所以強調了較爲重要的「本然之性」的命令而已。可是朱子又提出人的主觀條件，即人所能左右的，有道德實踐意義的條件。心可以中節或不中節，主宰或不主宰。在此條件之下，人心，即顧及生存欲望的心，不一定流於徇私；人心亦可以「安於定分、不敢少過」。同樣地，道心與顧及天理本性的心，不一定必然成善。若自以爲善性本體已具備於我而怠慢起來，而不更加盡其心，不更加求合乎理，則無法實現已有之善性本體。

現把道德善惡形成的過程加以圖示化，如下：

〔註118〕《朱子語類》第六一卷。

道德善惡之形成過程表

客觀條件（命）	心		無善惡可言
	知覺於義理（下愚不能 ‖ 道心	知覺於形氣（上愚不能 ‖ 人心	
主觀條件（心）	（主宰）盡心求合乎理　（不主宰）※ 不盡心怠慢	（主宰）※※ 安於定分不敢少過　（不主宰）一向惟意所欲流連忘返	功能之善惡（心之善惡）
結果	善性本體 ‖ 善（惻隱、羞惡）　（惡）	（善）　於 ‖ 惡（殘忍、冒昧）	狀態之善惡（情之善惡）

※：道心不主宰時，人心便代替道心之位置。故此，我們不能說道心產生惡。

※※：人心之主宰，乃是道心。人心不能獨自產生善，而必須被道心所規範才能有善的可能。

　　我們有需要補充討論最後「結果」項的中間「（惡）、（善）」問題的部分。朱子雖說道心惟微，但卻沒有明確地說，已進入了道心之路程，而仍可以呈現「惡」出來；朱子雖說人心不一定流於惡，但卻沒有明確地說，已進入了人心的路程，而仍可以呈現「善」的本體出來。然則，朱子關於「使人心化爲道心」亦有如下的說法：

> 以道心爲主，則人心亦化而爲道心矣。如鄉黨篇所記，飲食衣服，
>
> 本是人心之發，然在聖人分上，則渾是道心也。〔註119〕

這裏所謂的「道心」，是指「可以爲善」的，心「主宰」以後被中節之善，而

〔註119〕《朱子文集》卷五一，答黃子耕。

不是「知覺於理」的功能。按陳來先生之考證，朱子早年往往「知覺功能」與「天理、私欲」混然一體而稱爲「人心道心」。這與他晚年的思想如《中庸章句序》並不相通。〔註120〕並且，在朱子的系統裡，善惡的關鍵就在心的主宰功能上。所以，間接認同，從人心亦可以成善，而從道心亦可以成惡。朱子說：

> 熹謂感於物者心也。其動者情也。情根乎性而宰乎心。心爲之宰，則其動也無不中節矣，何人欲之有。惟心不宰而情自動，是以流於人欲而每不得正也。然則**天理人欲之判，中節不中節之分，特在乎心之宰與不宰**，而非情能病之，亦以明矣。〔註121〕

若善惡全靠心之中節不中節、主宰不主宰，那麼我們仍可討論，人心中節之後「安於定分，不敢少過」之善，與道心中節之後「盡其心，求合乎理」之善，究竟是否具同樣的性質，即同樣高貴的善。且在同樣脈絡上，我們可以討論「不盡心」之惡，是否等同於「一向所欲，流於徇私」之惡。

　　在繼承孔孟義理之陽明系統裡，善惡之分皆出於心（良知）的活動，不論對象是抽象的義理或具體的生活行爲，皆可以發出善。但朱子的心之活動只是知覺心，它先認識不同的對象（義理、形氣），然後才可以進一步宰制它們。朱子曾反對季通「由道心則形氣善，不由道心，一付於形氣則爲惡」〔註122〕的話說：「昨答季通書，語卻爲瑩，不足據以爲說。」〔註123〕由此推知，朱子是反對道心所中節的形氣等同於善的見解。

　　但令人困惑的是，朱子有時說道心只是知覺之心，知覺義理亦不一定徹頭徹尾，有時又說道心「必善無惡，有安而無傾，有準而可憑據」〔註124〕。由此可以推知兩點：一、人知覺於義理，已是善的端，既使未能盡其心到底，也不能說這種狀態爲「惡」；二、道心「主理」，比人心（「主形」）遠爲可靠，開出「公道」，所以應當在人心之上，由此可說「道心命於人心」或「人心聽命於道心」之合理性。

　　我們接受「人心應該聽道心之命」。但我們不免有所疑惑：「人心聽命於

〔註120〕陳來著，《朱熹哲學研究》，文津出版社，民國79年，198～199頁。
〔註121〕《朱子文集》卷二二，答張敬夫。
〔註122〕《朱子語類》第六二卷。
〔註123〕《朱子文集》卷五六，答鄭子上。
〔註124〕《朱子文集》卷四四，答季通。

「道心」之後，它可否呈現善的本體？朱子舉例云：

> 有知覺嗜欲，然無所主宰，則流而忘返，不可據以為安，故曰危。
> 道心是義理之心，可以為人心之主宰，而人心據以為準則也。且以
> 飲食言之，凡飢渴而欲得飲食以充其飽且足者，皆人心也。然必有
> 義理存焉。有可以食，有不可以食。〔註125〕

順著人心之路程，可能發展出兩種情況：一是無所主宰，一向所欲（隨欲而行），流而忘返之路（惡）；二是被道心所主宰，存義理，調節飲食活動之路。由此，我們可以確定地說人心「不一定是不好的」；但能否說人心可以成善，這還有值得討論的餘地。

　　總之，道心雖然無性體本身之善，但它「主於理」，教導人心「順性如理合道」，從而有相當善的性質在內。人心雖然無道心那樣「可靠，有準則」，但它亦可以被道心教導為「和而中節」，從而至少亦有次要地位之善在內。人心之善不如道心之善，而道心之善不如性體之善。人心道心之差異，在這一節比較廣泛地討論。道心（「仁心」）與性體之差別，在下一節「仁說」繼續討論。

4. 仁說

　　本一節探討朱子的「仁說」，以表明朱子的心之最高境界（A"），仍然與性體本身（B）有所差距。換言之，如上節的圖表所示，朱子的心，知覺於理，主宰它而發出善的情感之後，能呈現善，實踐善。心之如此能夠呈現善，朱子謂之「仁」。朱子「仁說」中的「仁」，不是單單對心而言（心可能知覺形氣），亦不是單單對性而言（性可能未曾呈現），當然亦不是單單對情而言（情可能未曾中節），而是對心認知地攝取性之後，合當地中節情而發出善的「整體」而言。

　　但在朱子系統裡，性即是理，性乃是仁義禮智的本體。朱子有時以「仁」指性，有時以「仁」指心（心統性情之整體）。此乃是朱子「仁說」的複雜性所在。有些學者由此認為，朱子的心與性，實際上並無分別，故可說「性即理」，亦可以說「心即理」。〔註126〕這些學者的思路是：因為朱子以同樣的「仁」

〔註125〕《朱子語類》第六二卷。
〔註126〕參見：金春峰著，《朱熹哲學思想》（東大圖書公司，民國87年）裡，第二章

指心性，所以心等同於性。但我們可以反過來解釋，因爲朱子以不同的「心、性」指「仁」，所以「仁」有兩種含意。而且，我們有理由相信，這是比較正確的解釋：如前面所考察，朱子的「心、性、情三分」及「心性對言」是成爲朱子義禮架構的中心，不容易（且不可以）以朱子對其他主題之說而加以推翻。

朱子的「仁」，實際上是指「性體」；它可能是未發之性體（potentiality：善之可能），亦可能是已發之後以情所呈現出來的性體（善體）（actuality：善之實現）。但在朱子的〈仁說〉裡，主要是指後者，因爲「善的實現」必須涉及到心的功能以及情的發出，所以朱子用「心」字（包性情的心）來說「仁」。爲了凸顯性體的第二義（善的實現，相對於善的可能），朱子以「心之德，愛之理」總括他〈仁說〉的義理。

朱子對「仁」的體悟，經過複雜的過程之後，著作〈仁說〉。《朱子文集》卷六十七所記載的〈仁說〉，是朱子成熟期之作。因爲本文的範圍不談及朱子思想的演變過程，而只限於他中期、後期的「定論」，我們在此不談程明道、程伊川等人對朱子的影響，而直接分析此〈仁說〉的義理所在。

爲了討論上的方便，我們將〈仁說〉分成爲兩部：前半部是正面的說法，說明「仁」是什麼；後半部是反駁的說法，說明「仁」不是什麼。我們分析〈仁說〉之義理之後，再討論心（A"）與性（B）之不同。

（1）〈仁說〉前半部之義理

成「仁」必須符合兩個條件：一是具備性體（天理）之客觀條件，二是主宰情感之主觀條件。符合兩個條件，即通貫動靜、總攝體用之後，天才能生化萬物，人才能實踐仁體。我們將〈仁說〉之前半部分成爲四部分加以討論。

> 天地以生物爲心者也。而人物之生，又各得夫天地之心以爲心者也。
> 故語心之德，雖其總攝貫通，無所不備，然一言以蔽之，則曰仁而已矣。

朱子以「天地之心」爲「人心」（指人之心，不是相對於「道心」之「人心」）。天，氣化流行以生物，從各種物之生命中可見天地之心。人，知覺其固有之

〈《仁說》的剖析〉，77～100 頁，以及蒙培元著，《理學的演變》（文津出版社，民國 79 年），53～67 頁。

性，主宰從性發出來的情，從各種合理合情可見人心。朱子先講「總攝貫通」以表明，「仁」不僅僅是客觀「給予」後「稟受」，也不僅僅是情已發出來之後的「狀態」，而是兼體用、統性情的生生之理。

> 請試詳之。蓋天地之心，其得有四，曰元亨利貞，而元無不統。其運行焉，則爲春夏秋冬之序，而春生之氣無所不通。故人之爲心，其德亦有四，曰仁義禮智，而仁無不包。其發用焉，則爲愛、恭、宜、別之情，而惻隱之心無所不貫。

> 故論天地之心者，則曰乾元坤元，則四德之體用、不待悉數而足。

> 論人心之妙者，則曰仁人心也，則四德之體用、亦不遍舉而賅。

此段朱子詳細地講天地之心及人心所構成的內容。天地之心具有元亨利貞之理，從此理發出春夏秋冬之序。人心具有仁義禮智的理，從此理發出愛恭宜別之情。在天，「元」是「元亨利貞」之總名，因元無不統；「春」是「春夏秋冬」之總名，因春生之氣無所不通。在人，「仁」是「仁義禮智」的總名，因仁無不包；「愛」是「愛恭宜別」之總名，因惻隱之心無所不貫。（在這邊應該注意，朱子並不說「春無所不通」或「愛無所不貫」，而說「春生之氣無所不通」和「惻隱之心無所不貫」。這是因爲發出來的氣或情感，只是被動的事物，自己不能「通貫」。所以「春」是被「春生之氣」，而「愛」是被「惻隱之心」所通貫。至於「元無不統」及「仁無不包」，不是指「元」、「仁」在性體（理）的意義上面可以統包，而是仍指被「氣」、「心」所攝取而後才可以統包。但被氣、心所攝取之元、仁，亦是稱爲「元」、「仁」，因此不用改詞。）

在天，「元」有三種意義。一是「元亨利貞」的眾理中，就具體地針對「元」而言；二是「元亨利貞」之總名；三是將「元亨利貞」（體）與「春夏秋冬」（用）合而言之，使「元」字「不待悉數而足」。在人，「仁」亦有三種意義。一是「仁義禮智」眾理中，就具體地針對「仁」而言；二是「仁義禮智」之總名；三是將「仁義禮智」（體、性）與「愛恭宜別」（用、情）合而言之，使「仁」字「不遍舉而賅」。在第三義的「元」上說「天地之心」，而在第三義的「仁」上說「人心」。

> 蓋仁之爲道，乃天地生物之心即物而在。情之未發，而此體已具，
> 情之既發，而其用不窮。誠能體而存之，則眾善之源，百行之本，

　　莫不在是。

朱子以「仁之為道」，指上述中第三義之「仁」，朱子曾說：「道者，兼體、
用」〔註127〕。「仁」類似「元」，它們的不同點則在於，「元」是在天、「天
地生物之心」，而「仁」是天地之心流行下來，「即物」而「在人」的人心。
就對人而言，情之未發時，仁之體（仁之第二義）已具於心內。情已發時，
仁之用（仁之第三義），無窮無盡地發揚光大。「誠」，即心之全體〔註128〕，
存仁（第二義）為體，而成為「眾善之源」、「百行之本」的「仁體」（第三
義）。

> 此孔門之教所以必使學者汲汲於求仁也。其言有曰：「克己復禮為
> 仁」，言克去己私，復乎天理，則此心之體無不在，而此心之用無不
> 行也。又曰：「居處恭，執事敬，與人忠」，則亦所以存此心也。又
> 曰「事親孝、事兄弟、及物恕」，則亦所以行此心也。又曰「求仁得
> 仁」，則以讓國而逃，諫伐而餓，為能不失乎此心也。又曰「殺身成
> 仁」，則以欲甚於生、惡甚於死，而能不害乎此心也。
>
> 此心何心也？在天地、則塊然生物之心，在人、則溫然愛人利物之
> 心，包四德而貫四端者也。

在此朱子說明，他所謂「兼體用」的「仁」（第三義），乃是孔子所說的「仁」。
朱子所舉例的五個例子中，皆可見仁之體用關係。譬如，在孔子「克己復禮
為仁」中，「克己」、「復禮」是心之動、心之用、心之行；若心無理之體，此
用就不可行，若心無理之用，此體就不可顯。其他例子中，「居、執」；「事、
及」；「求、得」；「殺、成」等的動詞，皆表示心之用，而「恭、敬、忠」；「孝、
弟、恕」；「仁」等的名詞，皆表示心之體。

　　最後，朱子再強調，兼體用之「心」乃是「仁」（第三義）。在天地，此
是生生萬物之心；在人，愛人利物之心。此心就是「仁」，包四德（仁義禮智）
而貫四端（愛恭宜別，或惻隱、羞惡、辭讓，是非）的總名。

　　朱子〈仁說〉的正面意義，雖然有層次，條理分明，但還是給人一些複
雜之感。若以〈仁說〉前半部之義理加以圖示，如下：

〔註127〕《朱子語類》第六卷。
〔註128〕《朱子語類》第六卷云：「『誠』字以心之全體而言」。

「　　」　　之義理

心之條件	心之狀態	心之功能	天	人
客觀條件	未發（靜） 此體已具	具理義 （知覺義）	元①亨利貞 ⌒ 總名「元」② ＝體	仁①義禮智 ⌒ 總名「仁②」 ＝體、性
主觀條件	已發（動） 其用不窮	（知覺義） 主宰義	春夏秋冬 ⌒ 總名「春」 ＝用	愛恭宜別 ⌒ 總名「愛」 ＝用、情
合條件	通貫動靜 兼全體用	生生義	天地之心 道兼體用、 生生萬物 曰：「乾元坤元③」	人心 心統性情、 實踐萬理 曰：「仁③」

（2）〈仁說〉後半部之義理

在〈仁說〉之後半部裡，朱子反駁一些學者對仁之論點，以釐清「誤解」。在此，朱子是直接反駁龜山、上蔡之論點，而間接反駁程明道之論點。實際上，朱子誤解他們的意思，因此不能成為真正的對辯。關於明道、龜山及上蔡所主張的真正義理，當代學者們如牟宗三先生的《心體與性體》〔註129〕、蔡仁厚先生的《宋明理學》〔註130〕，和劉述先先生的《朱子哲學思想的發展與完成》〔註131〕裡有較詳細的說明。本文將朱子的「誤解」擱置不談，以免牽涉太廣，而影響主題。

朱子辯駁之目的，在於說明「仁」不是單單對情（愛）而言，亦不是單單對心（知覺功能）而言，也不是單單對性（未發之性，物之性）而言。當然，明道、龜山、上蔡之論點不是如此地偏差，尤其程明道之義理，他直接繼承孔孟系統，其對「仁」的體悟比朱子本人接近古代聖賢。但在此不論朱

〔註129〕參見：牟宗三著，《心體與性體》（正中書局，民國79年），第三冊，從第四章到第六章，229～447頁。

〔註130〕參見：蔡仁厚著，《宋明理學》（學生書局，民國72年），南宋篇，第四章、第四節〈朱子「仁說」之思想〉，107～121頁。

〔註131〕參見：劉述先著，《朱子哲學思想的發展與完成》，第四章〈朱子對於仁的理解與有關仁說的論辨〉，139～194頁。

子所批判的對象是誰，不管朱子對別人的論點有所誤解，我們仍可看出在朱子的系統裡，仁「不是什麼」。

> 或曰：若子之言，則程子（伊川）所謂「愛情仁性，不可以愛為仁」者，非與？曰：不然。程子之所詞，以愛之發而名仁者也；吾之所論，以愛之理而名仁者也。蓋所謂性情者，雖其分域之不同，然其脈絡之通、各有攸屬者，則曷嘗判然離絕而不相管哉？吾方病夫學者誦程子之言而不求其意，遂至於判然離愛而言仁，故特論此以發明其遺意，而子顧以為異於程子之說，不亦誤哉？

在此朱子說明，仁不是單單對情而言。伊川亦說仁不是愛，愛是已發之情，仁是未發之性。但朱子認為伊川之說頗有誤導之可能，因為學者往往「離愛言仁」。如前所述，朱子「仁」的真正意義，是指「兼全體用、內外一致」的心（仁的第三個意義），因此不能去掉「愛」（用）的因素，也不能去掉「性」（體）的因素。所以他用「愛之理」以表示兼體（理）、用（愛）之道理，貫內（理）、外（愛）之妙運。

> 或曰：程氏之徒言仁多矣。蓋有謂愛非仁，而以「萬物與我為一」為仁之體者矣。亦有謂愛非仁，而以「心有知覺」釋仁之名者矣。今子之言若是，然則彼皆非與？曰：彼謂「物我為一」者，可以見仁之無不愛矣，而非仁之所以為體之真也。彼謂「心有知覺」者，可以見仁之包乎智矣，而非仁之所以得名之實也。觀孔子答子貢博施濟眾之問，與程子（伊川）所謂「覺不可以訓仁」者，則可見矣。子尚安得以此而論仁哉！
>
> 抑泛言「同體」者，使人含糊昏緩，而無警切之功，其弊或至於認物為己者有之矣。專言「知覺」者，使人張皇迫躁，而無沉潛之味，其弊或至於認欲為理者有之矣。一忘一助，二者蓋胥失之。而知覺之云者，於聖門所示樂山能守之氣象，尤不相似，子尚安得以此而論仁哉？因並記其語，作仁說。

在此朱子說明兩點：第一、仁不是單單對性而言，第二、仁不是單單對心而言。朱子說從「物我為一」可見「仁之無不愛」，但這是對仁之發用，即「愛」不顧對象而言，不是對仁之體（未發之性）而言。若堅持「同體」的說法，則使人含糊昏緩，導致「認物為己」之弊害。我們會質疑誰把自己看成為物，但在朱子的系統裡，人心之知覺對象有天理和人欲之分，人欲是人的生存本

能、需求，與其他生物之需求無大差異，而天理乃是人之為人的「本然之性」。天理微妙難見，而人欲強烈難制，所以如果強調「物我同體」，就使天理更微，人欲更危，令人含糊地流於徇私而不知覺其過。因此朱子反駁「物我同體」之說，而言「一忘」，以警告莫要忘記人之本性。

朱子亦反對仁是心。朱子云：「愛非仁，愛之理是仁。心非仁，心之德是仁。」〔註132〕在此所謂「心非仁」之義，其實是指心的知覺功能本身不足以成為仁的意思。心畢竟是有此功能，而仁亦包「仁義禮智」中的「智」。但知覺也有淺深之分，知覺於義理則深，知覺於人欲則淺〔註133〕。知覺於人欲亦是知覺，不足以成仁；知覺於天理才可進入成仁之路，但天理難見，其義理也沉潛，絕不是單單「知覺」那樣容易。所以如果強調「知覺」這一點，就使人「張皇迫躁」，而「無沉潛之味」，導致「認欲為理」之弊害。知覺「理」是一種知覺，知覺「欲」亦是一種知覺；但人必須弄清理欲之分，需要「運用理以克制人欲」之努力。因此朱子反駁「專言知覺」之說，言之「一助」，已警告莫要理欲混成一片。

從朱子反駁「同體」和「知覺」之說可見，性（心之對象）有多種，心（心之知覺）亦有多種。仁不是針對人性物性而說的，而是針對人性中高貴希罕的義理之性而說的，故曰：「性之德」。仁亦不是針對心功能之全部而說的，而是針對心功能中精緻深明的義理之心而說的，故曰：「心之德」。朱子〈仁說〉後半部的義理圖示，則如下：

「　　」後　　之義理

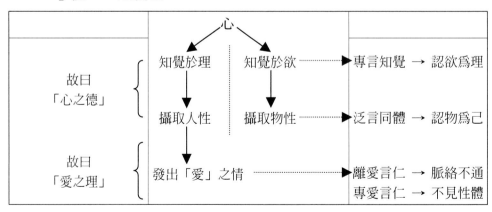

────────

〔註132〕《朱子語類》第二〇卷。
〔註133〕參見《朱子文集》卷四六，答胡逢書。朱子說：「覺知二字所指自有淺深」。

（3）從〈仁說〉看心性之別

　　從「心、性、情」之義理分析（第一節）和「心性對言」（第二節）可以看出，心與性在道德意義上，有截然不同的含意及地位。人心（相對於道心，「A'」）與性體之差異，無話可說地清楚明白。但是，人之心可以達到的最高境界（A"），與性體本身的道德境界會不會有所差距呢？換言之，〈仁說〉中的心之德與性之理有沒有什麼道德價值上的不同呢？其答案是肯定的，我們從三個方面來分析它們之間的不同。

① 心之德是「　具」、性之德是「本具」

　　心本身是虛靈，像空盒子一樣，沒有實有之物。但它因為生而具有性（理）在內，才有實有的理，因此稱之為「當具」。心有知覺、主宰之功能，它知覺它所具有之理，認識理、肯定理、攝取理後，漸漸將此理轉成為自身之德。在這意義上，亦可稱心之德為「當具」。

　　性本身是實有的理，性即理，理即性。從「仁義禮智，性也；惻隱、羞惡、辭讓、是非，情也」等話可以看出，性就是仁體、善體、道德本體，因此稱之為「本具」。性之德是獨立的，無論心或別的事物知不知覺它、肯不肯定它，性之德仍然存在。若性沒有仁義禮智，則性已不是性；在這意義上，理是性之所以為性體，所以亦稱之為「本具」。

　　「當具」與「本具」之差異，至少有三。第一、「當具」之德是有限的，隨時可以失去的。「本具」之德是永恆的，任何時候都不可背道而馳。朱子說：

　　　　胡五峰云：人有不仁，心無不仁，下句有病。如顏子三月不違仁，
　　　　是心之仁也。至三月之外，未免少有私欲，心便不仁。豈可直以為
　　　　心無不仁乎？若云人有不仁，心無不仁。心有不仁，心之本體無不
　　　　仁。則意方足。〔註134〕

顏子三月不違仁，是指心之仁，心之德。但這是「當具」之德，所以三月之外，若未免少有私欲，就隨時可以失去「當具」之德。但心之本體，即性體之德，因為它是「本具」，永恆不變，故「無不仁」。

　　第二、「當具」必須依賴於別的道德本體，他律而不自足，而「本具」不需要依賴於別的道德本體，自立自足。譬如，心之德之所以可以存在，

〔註134〕《朱子語類》第九五卷。

是因爲性體存在。若心沒有性，則沒有包具之對象、知覺的對象，主宰而呈現的對象。但性之德是獨立的，即使沒有心仍可存在（但不能呈現在外面）。

第三、「當具」之德是相對的，而「本具」之德是絕對的。換言之，心之所以可以「當具」理，是因爲知覺某一些理，肯定某一些理，**攝**取某一些理。心雖然生而具有「萬理」，它所知覺的範圍始終有限，只能夠隨著時間、地方、事情等的因素，認知地攝取某些部分之理，而發出合當的情感而已，不能刹那之間知覺萬理之整體。然「本具」之德則不同，「本具」是指本來就是萬理，不是對某些部分之理、相對之理而言。在這意義上，「當具」之德是相對的，而「本具」之德是絕對的。

② 心　貫動靜、性無　動靜

如前所述，「心之德」不僅是靜態之性，亦不只是動態的情，而是通貫動靜、合乎內外之「妙運」。性之德，就是形上的道德本體，無所動靜。朱子有時說「性之靜」、「人生而靜」之類的話，但這些皆是針對「氣質之性」而言，即「墮在氣質中的本然之性」而言。朱子以「喜怒哀樂之未發」指「性」，這是對人之本然之性墮在寂然不動的氣質而言的，就針對「性」而言，實際上無動靜可言。

「心通貫動靜，性無所動靜」之分，在道德問題上有何意義呢？心之德是人後天努力之後呈現出來的善，幸幸苦苦地得到的結果，而性之德是先天所具備之善，無工夫可言。在道德實踐的問題上，「通貫動靜」、「合乎內外」之境界，當然極高、可貴。而在「道德實踐如何可能」之類的道德理論問題上，無所動靜之性，成爲「眾善之源，百行之本」的理論根據，具有極大的重要性和必要性。

③ 心無對、性有對

朱子常說：「惟心無對」〔註135〕。心包萬理，中節眾情。從「心統性情」之說可見，心兼體用，無所不包，無所不通，所以無所不統。比較而言，性是有對，相對於情。性只是「體」，自身不能成爲「用」。性只是理，「合如此」，不能「動」，亦不能「發」；動處、發處只是情。

〔註135〕《朱子語類》第五卷。

在《朱子語類》第五卷中，朱子說如下的話：

> 性對情言，心對性情言。合如此是性，動處事情，主宰是心。

> 「性、情」字皆從「心」，所以說「心統性情」。心兼體用而言。性
> 是心之理，情是心之用。

> 性者，心之理；情者，心之動。

從此角度看心性的道德價值，心是兼體用，性只是體而無用。但無論心或是性，它們皆不能「創造」道德本體。性是有對的，相對於情之用，無能力創生是自明的事實。但既然「惟心無對」，心兼體用，為什麼心不能創生、創造道德本體呢？答案是：心只是「兼」體用，「合」已分離之「體」與「用」為一，並不是「即體即用」。心之體，被心之用所限制；心之用，被心之體所限制。仁義禮智的性體，若無愛恭宜別之情，無法顯現；愛恭宜別之情，若無仁義禮智之性，失去其根，不能存在。創生、創造道德本體，只在「即體即用」的、互相不限制的條件下才可能。心雖兼體用，但此「兼」只是指「兩種不同事物的合一」，而不是指「體即是用、用即是體」，從而失去了創生義。

④ 朱子系統　心、性之

至此我們探討了朱子〈仁說〉中所看到的心性之別。心與性，至少在上述所討論的三種意義上來說是有所差別的。然而差別歸差別，在道德意義上，心與性，那一項比較有價值？那一項的價值比較高？

就「當具」與「本具」之差別而言，性（本具）的價值是永恆的、獨立的、絕對的，而心（當具）的價值是短暫的、他律的、相對的。由此可以說性之價值高於心的價值。

就「心通貫動靜，性無所動靜」而言，心的價值在於道德實踐問題上，而性的價值在於道德理論問題上。因此不可比較高、下。

就「心無對，性有對」而言，心是兼體用，性只是體而已。心統性情，性只是被心所統攝的一部份而已。由此可以說心之價值高於性的價值。然我們應注意：談心之善惡及性之善惡時，心之善（惡）是有對之善，而性之善卻是無對之善。

此種心性價值的高、下之分，只在朱子的他律道德系統裡才能出現。在孔孟─陸王之自律道德系統裡，心即是性，性即是理，理即是心，心性通而為一，無所高下。我們可以將此分別圖示如下：

「　　」中心性之　別（與　　—　　道德系統之　　）

朱子道德系統 （他律道德系統）		—　　道德系統 （　律道德系統）	
心性有所差別	價值之高下	心性無所差別	價值之同一
心是當具，性是本具	心＜性	心性皆是本具	心＝性
心有動靜，性無動靜	心≒性	心性即動即靜	心＝性
心無對，性有對＊	心＞性	心性即體即用	心＝性

＊這是就心之「兼體用」而言，與心性之善惡、力量、道德層次等其他因素無關。

　　本章所探討的是，朱子的倫理系統裡的「道德層次」。在第一節裡，先將朱子的心、性、情之義理澄清，以顯示心性情分成為三者之架構。第二節討論「心性對言」，以證明心不是性（A≠B）。第三節討論朱子的「人心道心說」以證明朱子系統裡，存在著道德層次不同兩種心（但本質上未曾不同）（A≠A"），並討論善惡形成之過程。第四節分析朱子的「仁說」，以證明心的價值，不論多高、多合乎理，與性之價值仍有所不同（A"≠B）。

　　朱子的理氣論，是朱子的心性論之形上根據，說明心性之本質（相對於功能、特徵、價值）是什麼。這就是下一章所要討論的主題。

第三章　朱子的理氣論

　　朱子之理氣觀是非常獨特、精采的。中國的理氣概念本身就很獨特，它沒有與西方的任何範疇相應。理氣之分，一不是共相與個體（universal concepts and particular object）之分〔註1〕，二不是抽象與具體（abstract and concrete）之分，三不是主詞與謂詞（subject and predicate）之分。〔註2〕第一、雖然「理」可說是共相〔註3〕，但「氣」不等於「形象」或「物質」，所以不能說是「個體物」。第二、「理」和「氣」皆可抽象地說，亦可具體地說。具體的理如吾心所感到的是非是理，而抽象的理如太極亦是理。具體的氣如這根草之顏色是氣，而抽象的氣如陰陽、五行亦是氣。第三、既使理氣在觀念上皆屬於共相，它們亦不能安排在主詞與謂詞之層次。詳細言之，在語言上，比較窄的共相（如「正直」）成為主詞，而比較寬的共相（如「德行」）成為謂詞。但氣的概念不屬於理的概念，而理的概念亦不屬於氣的概念。說它們是兩個不可比較的、相互無關的概念也不是，因為它們確有先後、生與被生、本末等關係。〔註4〕

　　中國的理氣觀念本身就很獨特。其中，以朱子的理氣論尤為精采。〔註5〕

〔註1〕　這是亞理斯多德之第一物與第二物（primary substance and secondary substance）之分。

〔註2〕　除此外，不少學者將朱子之理氣與亞理斯多德之形式和質料（form and matter）比較研究。如孫振青〈朱熹的理氣概念與亞里斯多德的形質概念之比較〉一文（在《國際朱子學會議論文集》，中央研究院，民國82年，749～769頁）。

〔註3〕　這亦是依亞氏之二分法，若不是個體物，則是共相。

〔註4〕　這是針對「理氣二分」而言。這並不代表中國傳統或一般的說法，理氣亦可說是本不可分、渾然一體、無先後、及無主動被動。

〔註5〕　朱子的理氣二分的架構，基本上是承繼二程（伊川）而來，非朱子個人的獨特見解。但若伊川與朱子合而言之，他們的理氣論可謂是獨一無二，開出中國儒家之另一個系統。

首先朱子將理氣二分。就對理氣之本質而言，理氣之分乃是太極與陰陽之分，是形而上下之分。將理氣之分解釋為形而上之太極與形而下之陰陽，這種結合是很特別的。從「太極」之本意來看，不能以形而上、形而下來加以區分。〔註6〕從形上形下之分來看，此分本身不足以說明太極與陰陽之分野。〔註7〕由此可知，朱子對理氣之理解，是從他對「太極、陰陽」和「形而上、形而下」等概念之獨特看法而形成的。

對理氣之關係而言，朱子有「不離不雜」、「理先氣後」、「理承氣動」之說。但朱子亦提出「理氣實無先後」、「理生氣」等，與前說似乎有矛盾之處，導致後人對朱子學說的解釋意見分歧。由於朱子對理氣關係之論點，皆設立在理氣二分之基礎上，故不能把兩者之關係倒過來解釋為理氣本無二。

對理氣之特性而言，朱子有「理弱氣強」、「理一氣多」、「理只善氣有不善」之說。將這些論點稱為理氣之「特性」（相對於「本質」），不是說「強弱」、「多一」、「善惡」是理氣之可有可無的、偶然的屬性，而是說它們本身不是等於理氣。關於最後一項「善惡」而言，「善體」確是理，但「有善」、「有不善」不是理氣。〔註8〕至於理氣為什麼有（而必然有）如此特性，是理解理氣之關係和理解人物稟受理氣之過程然後方可明白的。

朱子的理氣論，不限於說明天地之結構。儒家之基本課題，就是成德成聖。宋明理學家之根本問題，亦不外是如何作聖之問題。他們由如何成聖出發，將人類之心性問題擴充到宇宙萬物，加以探索聖人之道。朱子身為宋代儒者，其理氣論必須可歸於人之問題上，說明人與其他萬物之異同，說明人實踐道德之可能及必要。故本章末討論朱子理氣論中「人物理氣異同問題」，省察理氣論之所以成為朱子的「道德」理論之重要因素。

〔註6〕 周濂溪之《太極圖說》裡，「太極」是誠體，「心、神、理」之結合體。它是即存有即活動，通貫體用，生生萬物，變化無窮，所以無形而上下可言。比較詳細的內容，見下一節。

〔註7〕 形而上下之分，本不足以說明太極／陰陽之分。譬如，戴震（1723～1777）主張陰陽亦可以稱為形而上者。他在《孟子字義疏證》（第十七「天道」條）說：「本非為道器言之，以道器區別其形而上形而下耳。形謂已成形質，形上猶曰形以前，形而下猶曰形以後。陰陽之未成形質，是謂形而上者也，非形而下明矣。」

〔註8〕 「特性」是相對於「本質」而言。對本質而言，理即是形而上之道，而形而上之道亦即是理。對特性而言，理是弱而氣是強，但弱本身不能說是理，而強本身不能說是氣。

1. 理氣之本質

（1）理氣之形而上、下

　　朱子常常以「太極，形而上之道也；陰陽，形而下之氣也」〔註9〕、「天地之間，有理有氣。理也者，形而上之道也，生物之本也；氣也者，形而下之器也，生物之具也。」〔註10〕、「道器之間，分際甚明，不可亂也」〔註11〕等說將理氣分爲二。朱子理氣之二分，不是物質上之二分（理不是物體），亦不純是概念上之二分（氣不是指概念）〔註12〕，而是形而上下之二分。我們了解「太極」和「陰陽」之前，首先要了解朱子「形而上」和「形而下」之意。

　　中國的「形而上」學，不能與西方的「形而上學」（metaphysics）混爲一談，因爲中國所謂「形而上」指「道」，如《易經・繫辭傳上》所說的「形而上者謂之道，形而下者謂之器」，包括天道、地道、人道、物道等，指概念上及物質上之一切道理。〔註13〕至於西方的形而上學，其定義雖見仁見智，但

〔註 9〕《朱子語類》第六十卷。

〔註 10〕《朱子文集》卷五八，答黃道夫。

〔註 11〕《朱子文集》卷五八，答黃道夫。

〔註 12〕有些學者認爲，所有的哲學命題皆是概念，所以「理」與「氣」之概念不得不異。柳仁熙在〈展望程朱理學與東亞細亞哲學的前景〉（《在程朱思想新論》，楊曉塘主編，人民出版社，1999 年出版，157～8 頁）說：「某些批判程朱理學的學者，以朱子稱『理氣決是二物』和『理先氣後』爲由，認爲朱子隔離了『理』和『氣』，主張『理』先於『氣』，從而說朱子陷於概念論而不能自拔。對此問題，筆者可以簡單的問答：『所有的哲學都是概念論』。」但「理」字和「氣」字所指的對象不是概念，因此不能說理氣二分乃是概念之二分。而且，若認爲所有的哲學命題爲概念上之命題，則不能指出「理氣」之分與「仁義」之分有何分別。

〔註 13〕儒家之所謂「道理」，是指「性理」；在此所謂「物質上之道理」，不是指科學意義上之「物理」，即對物體的曲節之分析。牟宗三先生區分「理」之六義，以釐清這一點：

1. 名理——此屬於邏輯，廣之，亦可該括數學。

2. 物理——此屬於經驗科學，自然的或社會的。

3. 玄理——此屬於道家。

4. 空理——此屬於佛家。

5. 性理——此屬於儒家。

6. 事理（亦攝情理）——此屬於政治哲學與歷史哲學。

（出於牟宗三著，《心體與性體》第一冊，正中書局，民國 79 年，3～4 頁。亦可參見蔡仁厚著，《宋明理學》北宋篇，學生書局，民國 66 年出版，6～7 頁。）

仍嚴格區分為與物理（physics）及事理（或應用、社會科學，applied or social sciences）不同。而朱子所謂「道理」，雖然其重點仍在於「性理」，但有時卻帶來「物理」及「事理」之意涵。首先考慮「物理」意義上的形而上之道理：

> 且如這個扇子，此物也，便有個扇子的道理，扇子是如此做，合當如此用，此便是形而上之理。天地中間，上是天，下是地，中間有許多日月星辰，山川草木，人物禽獸，此皆形而下之器也。然這形而下之器之中，便各自有個道理，此便是形而上之道。〔註14〕

在此「扇子如此做，合當如此用」，是物理，也同時是「形而上」之理。現代學者舉朱子之「格物窮理」說而探索中國哲學中科學之種子，亦是指朱子之「道理」包括「物理」之因素。其次考慮「事理」意義上的形而上之道理：

> 灑掃應對之事，其然也，形而下者也。洒掃應對之理，所以然也，形而上者也。〔註15〕

> 君臣父子，接事物也，人之所行也，形而下者也，萬象紛羅者也。是數者，各有當然之理，即所謂道也，當行之路也，形而上者也，沖漠之無朕者也。〔註16〕

在此「應對之事」之所以然，及「接事物」、「人之所行」之當然之理，可謂是「事理」，亦是「形而上」之道。

在朱子看來，「形而上」是與「形而下」相對之概念。他順著《易經》「形而上者謂之道，形而下者謂之器」之說，解釋「道」為「理」、「器」為「氣」〔註17〕，清明「理氣之二分」乃是「道器之二分」。關於「器」，朱子說：

> 器是形跡，事事物物，亦皆有個形跡。〔註18〕

〔註14〕《朱子語類》第六二卷。
〔註15〕《論語或問·子張篇》。這是繼承、解釋伊川之説：「聖人之道，更無精粗，從灑掃應對至精義入神，貫通只一理。雖灑掃應對，只看所以然者如何」（《河南程氏遺書》卷十五）。
〔註16〕《朱子文集》卷四六，答呂子約第四十書。
〔註17〕《朱子文集》卷五八説：「理也者，形而上之道也，生物之本也；氣也者，形而下之器也，生物之具也」。
〔註18〕《朱子語類》第七五卷。

> 凡有形有象者皆器也。〔註19〕
>
> 形而下者有情有狀是此器。〔註20〕
>
> 陰陽形而下之器也。〔註21〕

可見，朱子認為有形有象的實在事物都是器。現代的我們，受到西方式教育的影響，常常以「陰陽」和「氣」為神秘的、抽象的、五官之外的概念。但宋代儒學家看來，「陰陽」、「氣」只是「器」，有形有象的事事物物。我們又常常認為「器」只意謂著「物」、「物體」、「用具」，但這裡「器」（「氣」）亦包括「事」和「情」，如「事親」、「事君」等「行為」（身之動）和「情感」、「情緒」之「感情」（心之動）。人之行為和感情（所謂「事情」），雖然不是物質（material），但仍「有形有跡」〔註22〕，對人來說和物質之形狀一樣親切，所以屬於「器」。

關於「道」，朱子說：

> 其所以為是器之理者則道也。〔註23〕
>
> 形以上底虛，渾是道理。形以下底實，便是器。〔註24〕
>
> 形而下者甚廣。其形而上者，實行乎其間，而無物不具，無處不有，故曰費。費，言其用之廣也。就其中其形而上者，有非視聽所及，故曰隱。隱，言其體微妙也。〔註25〕
>
> 道者，兼體、用，該隱、費而言也。〔註26〕

可見，朱子認為「有形有象的實在事物」（即「器」）之所以然便是「道」。道是相對於器而言：道是虛，器是實；道是隱，「非視聽所及」，器是顯，「有形有跡」。然道和器有密切的關係：道本身雖虛，但他已「具於萬物」（無物不具），故能充實其用；道本身雖隱，但他已「處於萬事」（無處不有），故能顯

〔註19〕《朱子文集》卷三六。

〔註20〕《朱子語類》第九五卷。

〔註21〕《太極圖說解》。

〔註22〕反對者認為，我們所看的只是「物」，不是「事情」本身。但事情有動靜，如我們說「心動了」、「心安靜下來了」，由此說事情有形。事情亦有來去，如我們說「這事件來自張三」、「這事件已去到李四的手中」，由此說事情有跡。

〔註23〕《朱子文集》卷五八，答陸子靜。

〔註24〕《朱子語類》第十五卷。

〔註25〕《二程遺書》，卷六三。

〔註26〕《朱子語類》第一卷。

現其體。

到此討論朱子對「形而上下」之觀點。朱子所謂「形而上」者（理），是指一切「形而下」（氣）者的道理，即有形有象之萬事萬物之所以然。形而上之理包括物理、事理及性理在內〔註27〕。因為朱子的「形上學」包括物理和事理，與西方的形而上學有所不同。並且，因為朱子的「形上學」超過「性理」之範圍，亦與傳統儒家對形上之「道」的觀點有所差異。

（2）理氣之太極、陰陽

就對人而言，性是理，情是氣。心雖本屬氣，然具眾理而宰萬情，統攝性而統貫情之後，可謂是兼體用、合理氣之「氣之精爽」〔註28〕。就對天而言，太極是理，陰陽是氣；道雖本屬理〔註29〕，然承於氣而流於物，按頓於氣而處在萬事之後，亦可謂是兼體用、合理氣之「理之統名」〔註30〕。

朱子所謂「太極」者，主要出現於《朱子語類》第一卷和第九十四卷，合起來看則有兩意：一是獨立地講太極，無聲無臭、無形無象的「虛體」。這意義上之太極與氣化之後之「道」（兼理氣而言）有明顯的分別。另一則是與氣一起講太極，即與氣有「不離不雜」關係之「實理」。這意義上之太極，並與「道」無大分別。但太極之本體歸本體，關係歸關係，該不能以關係之聯貫（兼理氣）來混同本體之真相（本只是理）。所以我們首先考慮太極之第一個意義，即：獨立地講太極之說。

① 理是太極

朱子對周濂溪《太極圖說》之解釋，基本上是繼承伊川之思路，將形而上與形而下、太極與陰陽嚴格地區分為二。朱子對太極和陰陽之觀點，樹立於形而上下二分之基礎上，因此未免與周子之本意〔註31〕以及明道「器亦道，

〔註27〕 朱子之排斥道家和佛家之說，所以朱子的道理應該不包括「玄理」和「空理」；至於朱子的道理是否包括「名理」，是可以探討之論題。朱子對事物和概念之名字和多一頗有講究，但他是否將「字言」及「數字」分為有形有狀之器，還有待進一步的研究。

〔註28〕 《朱子語類》第五卷云：「心者，氣之精爽」。

〔註29〕 這是指「形而上者謂之道」而言。形而上者，理也，非形而下之氣也。

〔註30〕 《朱子語類》第四七卷云：「道須是合理與氣看。理是虛底物是，無那氣質，則此理無安頓處。易說一陰一陽之謂道，這便兼理與氣而言。陰陽氣也，一陰一陽則是理矣」。而同書第六卷云：「道是統名，理是細目」。

〔註31〕 周子的太極乃是誠體，「即存有即活動」之創生實理。參見蔡仁厚著，《宋明

道亦器」之疏解〔註32〕有所距離。因此，關於「太極」，朱子常常用「太極只是理」來表達太極獨立於氣之意。他說：

> 太極只是一箇「理」字。〔註33〕

> 太極只是天地萬物之理。〔註34〕

> 太極只是箇極好至善底道理。〔註35〕

在此，太極「只是」理之意思，有兩種可能：一是站在宋明儒者反對道家（或甚至漢唐儒者）的立場而說，太極不是什麼複雜神秘之玄論，亦不是天文學上之「北辰」及「中央元氣」〔註36〕，而只是宋代儒家所謂之「理」而已。二是站在伊川之立場而說，太極不是陰陽，太極不是氣，所以只是「理」而已。我們有理由相信，朱子所云「只是理」字，是指後者。因爲朱子講陰陽和氣的時候，此意甚爲明顯，但在此先繼續探討太極之涵意。太極指「理」字，而「理」不僅是天地萬物之物理和事理，亦是吾心所知覺的「極好至善」之道理。就對此理之性質，朱子說：

> 太極無方所、無形體、無地位可頓放。〔註37〕

> 太極只是一物，無方所頓放。故周子曰無極而太極，是他說得有功處。〔註38〕

> 周子曰無極而太極，蓋云無此形狀，而有此道理耳。〔註39〕

> 蓋恐人將太極做一箇有形象底物看，故又說無極，言只是此理也。〔註40〕

> 周子所謂無極而太極，非謂太極之上別有無極也。但言太極非有物

理學》北宋篇（學生書局，民國66年），〈第三章：周濂溪（三）太極圖說的形上思想〉，57～76頁。

〔註32〕《二程遺書》第一卷。進一步的疏解，參見蔡仁厚著，《宋明理學》北宋篇，〈第九章：程明道（二）：對天道、天理之體物〉，237～272頁。

〔註33〕《朱子語類》第一卷。

〔註34〕《朱子語類》第一卷。

〔註35〕《朱子語類》第九四卷。

〔註36〕這是馬融、班固之說。馬融在《周易正義》中說：「『易』有太極，謂北辰也」（卷七引）。班固在《漢書·律曆志》中說：「太極元氣，函之爲一。極，中也……太極中央元氣，故爲黃鐘，其實一龠」。

〔註37〕《朱子語類》第九四卷。

〔註38〕《朱子語類》第七五卷。

〔註39〕《朱子語類》第九四卷。

〔註40〕《朱子語類》第九四卷。

　　耳。如云上天之載無聲無臭。故云無極之眞，二五之精，既言無極，
　　則不復別舉太極也。〔註41〕

由此可知，理本是無形狀、無形體的，無聲無臭的道理。若無氣、無物，理本身就無方可寓、無機可乘。在此脈絡上，朱子解釋周子之「太極而無極」爲「無極」只是指「太極」之無方所、無形體之本然狀態。

② 又是太虛

　　理與氣之區分，在朱子解釋理爲「太虛」時，尤爲明確。《朱子語類》第六十卷裡，朱子將張橫渠之《正蒙》與周濂溪之《太極圖說》合說：

　　虛只是說理。

　　由太虛有天之名，這全說理。由氣化有道之名，這說著事物上。

　　由太虛有天之名，都是箇自然底。由氣化有道之名，是虛底物在實
　　上見，無形底物因有形而見。所謂道者，如天道地道人道。

　　由太虛有天之名，由氣化有道之名，此是總說。合虛與氣有性之名，
　　合性與知覺有心之名，此是就人上說。

在朱子看來，理是虛的，氣是實的。這種理氣二分、虛實二分並不是張橫渠「太虛即氣」〔註42〕之意。朱子亦知張橫渠不會看理氣爲二，所以批評而云：「渠初云清虛一大。爲伊川詰難乃云清兼濁、虛兼實、一兼二、大兼小。渠本要說形而上，反成形而下。最是於此處不分明。」〔註43〕

　　「太虛」是指氣化前之理，即自然的、本然的理之狀態。理本無可見，但與氣妙合，化成爲道，流行於事物，寓於有形者，而後才可見。所以，嚴格地講，我們不能說朱子的理本身是實理、兼體用之道理。理必須與氣合而流行，而這樣才可以稱得上是通貫天、地、人之道。

　　朱子由「太極」、「無極」以及「太虛」指「理」，是說明：一、理是形而上的，無聲無臭、無形無狀的天理；二、無氣之理的本來狀態乃是空虛的、無可見的、無所「頓放」的；三、理「氣化」之後才能發揮其作用，即成爲通貫天地、性心之道理。

〔註41〕《朱子語類》第九四卷。
〔註42〕參見蔡仁厚著，《宋明理學》北宋篇，〈第五章：張橫渠（二）正蒙之天道論〉，
　　　　103～138頁。
〔註43〕《朱子語類》第九九卷。

③ 氣是陰陽

　　如前所述，朱子之氣是形而下之器，即有形有象、有情有狀之事物。人皆有性，物皆有理，究其天上根源，就是太極。人皆有氣魄，物皆有氣形，究其天上根源，就是陰陽。朱子說：

> 天道流行，發育萬物，其所以爲造化者，陰陽五行而已。而所謂陰陽者，又必有是理而後有是氣。及其生物，則又必得是氣之聚而後有是形。故人物之生必得是理然後有以爲健順仁義禮智之性，必得是氣然後有以爲魂魄五臟百骸之身。〔註44〕

天道之流行，萬物之發育，朱子歸功於陰陽五行。陰陽依理而生，所以必後於理。但陰陽並不是理之部屬（亦不是太極之部屬），而是正如太極之所以爲萬物性理之終極根源，它亦是萬物形體、動靜之終極根源。所以朱子說：

> 陰陽只是陰陽，道是太極，程子說「所以一陰一陽者道也」。〔註45〕

> 陰陽固是形而下者；然所以一陰一陽者，乃理也，形而上者也。五事固是形而下者；然五常之性，則理也，形而上者也。〔註46〕

陰陽只是陰陽，不是道、不是理、不是太極。所以朱子繼承伊川之說，主張陰陽本身不是道，而陰陽之流動、進退、消長之所以然才是道。朱子又說：

> 陰陽只是一氣，陽之退便是陰之生，不是陽退了又別有箇陰生。〔註47〕

> 陰陽雖是兩箇字，然卻只是一氣之消息，一進一退，一消一長。進處便是陽，退處便是陰。長處便是陽，消處便是陰。只是這一氣之消長，做出股今天地間無限事來。所以陰陽做一箇說亦得，做兩箇說亦得。〔註48〕

陰陽是氣，一氣進而生陽，退而生陰。這「生」字，不是指由一個氣分別生陰與陽，而是指氣之兩種活動。換言之，陽是依氣之進之理而生，陰是依氣之退之理而生；陽是氣之進，陰是氣之退，陰陽即是氣，氣即是陰陽。因此朱子說，我們將陰陽看成爲一也可以，看成爲二也可以。

〔註44〕《大學或問》，卷一。
〔註45〕《朱子語類》第九四卷。
〔註46〕《朱子文集》卷五九，答楊子順。
〔註47〕《朱子語類》第六五卷。
〔註48〕《朱子語類》第七四卷。

　　朱子主張理是太極、氣是陰陽，並不是為了說明體用關係，而是為了說明兩種不同性質的體用。理有體用，氣亦有體用；然而，此並不意謂理氣互為體用、即體即用、圓融而創生。考慮朱子如下說法：

　　陰陽五行為太極之體。〔註49〕

　　此體字是體質。道之本然之體不可見，觀此則可見無體之體。〔註50〕

　　熹向以太極為體，動靜為用，其言固有病。後已改之曰：「太極者，本然之妙也。動靜者，所乘之機也。此則庶幾近之。蓋謂太極含動靜則可，以本體而言也。為太極有動靜則可，以流行而言也。若謂太極便是動靜，則是形而上下者不可分，而易有太極之言亦贅矣。〔註51〕

陰陽之體是就萬物之體質而言，而太極之體是就萬物之本原（本然之妙）而言。太極的「無形之體」是因陰陽之「有形之體」而顯見。陰陽之用成為太極之用具（所乘之機）而言，而太極之用是就乘氣流行，成為萬物之準則而言。所以專說太極為體，不僅不能涉及氣之有形之體，亦易使人誤解太極為一種物體。專說陰陽（動靜）為用，則不能說明太極之實用，亦易使人誤解太極即是動靜、不分形上形下。

　　朱子由「陰陽」指「氣」是說明：一、如萬物之理有天上根源，萬物之氣亦有天上根源，即「陰陽」；二、氣只是陰陽，不是一陰一陽之所以然；三、如太極有體用，陰陽亦有體用，而兩種體用是不同意義上之體用。

2. 理氣之關係

　　理是形而上之太極，氣是形而下之陰陽，就它們的本質而言，絕不能混為一談。但就理氣之關係而言，孰先孰後、孰生孰動，並不明顯。這一節討論理氣之「不離不雜」關係，並探討理氣之先後、動靜問題。

（1）理氣不離不雜

　　朱子以「理與氣決是二物。但在物上，則二物渾淪；不可分開，各在一處」〔註52〕概括理氣之不離不雜的關係。形上形下之分，使理氣區分為二（不

〔註49〕《朱子語類》第三六卷。
〔註50〕《朱子語類》第三六卷。
〔註51〕《朱子文集》卷四五，答楊子直。
〔註52〕《朱子語類》第一卷。

雜），但對事物的結構而言，它們則不能分開而處（不離）。故我們較詳細地討論理氣不離不雜之意義。

① 理氣「不離」

無氣之理不能生化萬物，無理之氣無標準可依傍，所以理與氣不能相離。《朱子語類》第一卷云：

> 天下未有無理之氣，亦未有無氣之理。
>
> 有是理，便有是氣。
>
> 理未嘗離乎氣。
>
> 理非別爲一物，即存乎是氣之中。無是氣，則是理亦無掛搭處。
>
> 但有此氣，則理便在其中。

這裡說明理從未離開氣。我們注意朱子「天下未有」、「理在氣中」等字眼，「天下」是指事事物物、萬物造化之後的世界，並不指天上之終極根源，所以就有物便有物之理（物之所以爲物），就有理便有載理流行到天下之機，即氣。在天上，無掛搭處之理，即無機可乘之理，算不算是理呢？答案應該是肯定的，因爲這是對理本身之形上特質（無形狀無動靜）而言。但實際上「理未嘗離乎氣」，因此，「有是理，便有是氣」。這是實際情況與本來特質之分別。〔註53〕換言之，我們不能由理氣不相離之實際情況推出理氣是一物之兩面、或一概念之兩種說法。由此朱子強調理氣之「不雜」關係。

② 理氣「不雜」

朱子說：

> 天地之間有理有氣。理也者，形而上之道也，生物之本也。氣也者，形而下之器也，生物之聚也。是以人物之生，必稟此理，然後有性；必稟此氣，然後有形。**雖不外乎一身，然其道器之間，不可亂也。**〔註54〕

理氣雖不外一身，但形而上下之分不能容許理氣即是一物。理氣（道器）之間「不可亂」，是特別指出的理氣「不雜」的關係。理氣之「不雜」，樹立在

〔註53〕此很難比喻：雖我們還可以找一些「不離不雜」之範疇，如顏色和物質（實際上沒有獨立於物質而顯現的顏色，亦沒有無顏色之物質），但這種比喻令人誤解理氣之範疇即是共相／個體之範疇。而且，顏色是屬性，不能稱得上是物質之理。這乃是理氣範疇之獨特處。

〔註54〕《朱子文集》卷五八，答黃道夫。

前一節所討論的理氣形而上下之分的基礎上。朱子又說：

> 熹前書所謂太極不在陰陽之外者，正與來教所謂不倚於陰陽而生陰陽者合。但熹以形而上下者，其實初不相離，故曰在陰陽之中。吾丈以形而上下者，其名不可相雜，故曰不在陰陽之外。雖所自而言不同，而出未嘗有異也。但如今日所引舊說，則太極乃在天地未分之前，而吾所與於今日之爲陰陽，此恐於前所不倚於陰陽而生陰陽者有自相矛盾處，更望想考見教。〔註55〕

在此朱子由「其實」指出理氣之不相離，而由「其名」指出理氣之不相雜。這似乎是說理氣實際上是不相離，而名義上是不相雜。但所謂「不雜」，不純粹是名義上不能混同之義。有些學者認爲，凡有不同名之概念，不能雜亂混用，應該嚴格地區分。但朱子卻以「道」、「太極」之名指出理，而「器」、「陰陽」之名指出氣；可見理氣之名（在此是太極和陰陽之名）不能「相雜」，不是爲了說明個別名字之不同，而是爲了說明理氣屬於不同的範疇〔註56〕。

至於朱子由「太極在陰陽之中」說明「不離」關係，而由「太極不在陰陽之外」說明「不雜」關係，他的字眼始終如一。若朱子要說明「不離」，他一定會用「在其中」之邏輯，如「但有此氣，則理便在其中」〔註57〕、「太極即在陰陽裏」〔註58〕；而他要說明「不雜」時，便用「不在其外」之邏輯，如「雖不外乎一身……不可亂也」〔註59〕。「在其中」是肯定的說法，直接說出理氣之不離；「不在其外」是否定之說法，稍有帶來理「在其外」之可能性之意謂（但實際上不是），所以說明理氣之不雜。但「不在其外」的涵意是等同於「非不在其中」，即「在其中」，所以兩者之間「未嘗有異」。

理氣之「不離」關係是對理氣之實際情況而言。我們可以觀察到的事物皆有其存在所以然，所以天下沒有「無理之氣」；而事物之所以能夠稟受其理，其實是氣之貢獻（理搭乘氣而流行），所以天下沒有「無氣之理」。理氣之「不雜」關係是對理氣之不同範疇（形而上下）而言。形而上下之分，不是我們

〔註55〕《朱子文集》卷三七，答程可久。

〔註56〕不同的範疇裡，可以容納不同的個別稱謂。譬如，理的範疇容納「道」、「太極」、「性」、「天」等，而氣的範疇容納「物」、「形」、「動靜」、「事」、「情」等。

〔註57〕《朱子語類》第一卷。

〔註58〕《朱子語類》第七五卷。整句是：「太極即在陰陽裏。自見在事物而觀之，則陰陽涵太極。推其本，則太極生陰陽」。

〔註59〕《朱子文集》卷五八，答黃道夫。

的五官所觀察到的，而是我們的理性所推論出來的。朱子說：「太極即在陰陽裏。自見在事物而觀之，則陰陽涵太極。推其本，則太極生陰陽。」〔註60〕換言之，若觀察天下事物，我們便得知理氣之不離（理便在物中），而若從此推其本，我們會得知理氣之本不相雜，即太極本來「不依於陰陽而生陰陽」。瞭解此意，必須先考察朱子理氣之先後、動靜問題。

（2）理氣之先後

　　朱子有「理氣無先後」、「理先氣後」和「理氣各有先後」之三種說法。這三說法是針對不同的情況而說的，所以並不互相矛盾。然則，其中成為中心的說法，應該還是「理先氣後」。我們先考慮理氣無先後之說法。

① 理氣無先後

　　有些學者認為「理氣無先後」是朱子早期的思想，而他晚年此說法則改成為「理在氣先」之說法〔註61〕。另外的學者則認為，不論朱子早期或晚期，「理氣無先後」是他一直堅持的〔註62〕。但朱子比較積極地講「無先後次序」皆出現在朱子早期的思想。朱子晚年的思想中，雖然也有「一理渾然，非有先後」〔註63〕、「渾然太極，兩儀四象六十四卦之理，已粲然於其中」〔註64〕等說法，但他只說理（太極）之渾而為一，非有先後，即各種各樣的理沒有次序地、渾然地在於一個太極中，而從未說理和氣之無先後地渾而為一。他早期的思想中，則有如下的說法：

　　太極之義正謂理之極致耳。有是理即有是物，無先後次序之可言。
　　故曰易有太極，則是太極乃在陰陽之中而非在陰陽之外也。〔註65〕

〔註60〕《朱子語類》第七五卷。
〔註61〕這是陳來在《朱熹哲學研究》（文津出版社，民國79年，2～34頁）中所探討的內容。陳來認為，在《太極解義》時期，朱子沒有「理在氣先」的思想。淳熙十五年，五十九歲時致陸象山書，形成了理先氣後思想，其前兩年完成的《易學啓蒙》已包含有此思想。
〔註62〕這是金春峰在《朱熹哲學思想》（東大圖書公司，民國87年）所主張的內容。他說：「朱熹從早年到晚年一直堅持「陰陽無始，動靜無端」的思想；認為理不先而氣不後，理不離氣，氣不離理，理氣都是永恆常存的，並沒有一個時期朱熹放棄了這一觀點」（117頁）。
〔註63〕《朱子語類》第六八卷。
〔註64〕《易學啓蒙》卷二。
〔註65〕《朱子文集》卷三七，答程可久第三。

> 太極者，本然之妙也；動靜者，所乘之機也。太極，形而上之道也；
> 陰陽，形而下之氣也。……推之於前而不見其始之合，引之於後而
> 不見其終之離也。故程子曰：動靜無端，陰陽無始，非知道者，孰
> 能識之！〔註66〕

這是說明「有是理即有是氣」之「不離」關係而言。既然有理有氣，兩者已
在時間中存在：理連暫時也不能沒有氣，氣亦不能沒有理，所以時間上理氣
不能有先後。朱子在《太極圖說解》裡亦提出，理氣不論前後、始終，沒有
經過離而合，合而離之過程，所以不能推到理離氣而獨立存在的時間，亦不
能推到氣離理而獨立存在的時間。

② 理先氣後

《朱子語類》第一卷裡，詳細地討論理氣先後的問題。這裡所討論的內
容，全是支持「理先氣後」之說：但此與前面「理氣無先後」論並不相矛盾，
因為這裡所探討的「理先氣後」之說，其實是「形上先於形下」之義，而不
是前面所謂的「時間上之先後」之義。朱子說：

> 有是理後生是氣。〔註67〕

> 先有箇天理了卻有氣。〔註68〕

> 有是理便有是氣，但理是本。〔註69〕

此只是比較簡略地講理在氣先之道理。至於「理生氣」及「理為本」，這只意
謂理氣先後問題關涉到後一節「理氣動靜」問題。關於理之所以為先之理由，
朱子說：

> 理未嘗離乎氣，然理形而上者，氣形而下者。自形而上下言，豈得
> 無先後。〔註70〕

> 此本無先後之可言，然必欲推其所從來，則須說先有是理。〔註71〕

> 理與氣本無先後之可言，但推上去時，卻如理在先，氣在後相似。
> 〔註72〕

〔註66〕《太極圖說解》。
〔註67〕《朱子語類》第一卷。
〔註68〕《朱子語類》第一卷。
〔註69〕《朱子語類》第一卷。
〔註70〕《朱子語類》第一卷。
〔註71〕《朱子語類》第一卷。
〔註72〕《朱子語類》第一卷。

> 未有天地之先，畢竟也只是先有此理，便有此天地。若無此理，便
> 亦無天地，無人，無物，都無該載了。〔註73〕

這裡朱子表示，理氣之所以有先後，乃是因形而上下有所序之故。朱子一邊主張理應在氣之先，一邊卻說「理氣本無先後」。所謂「理氣本無先後」，是指理氣在時間上，沒有先後。我們始終在時間中，實際上（本來）不能觀察離開氣質之理。但若推想到「未有天地」的時候，即無天地、無人、無物的時候（這不是我們今日可以觀察到的），畢竟仍有形而上之理。朱子又說：

> 問先有理後有氣之說，曰：不消如此說。而今知得他合下是先有理
> 後有氣邪，後有理先有氣邪，皆不可得而推究。然以意度之，則疑
> 此氣是倚傍這理行。及此氣之聚，則理不在焉。要之也先有理。只
> 不可說是今日有是理，明日卻有氣。也須有先後。且如萬一山河大
> 地都陷了，畢竟理卻只在這裏。〔註74〕

在此朱子明確地說明，「理氣本無先後」是指理氣「合下」而成為今日吾人所看到的事物後，則無時間上的先後可言。但推究到理氣「合下」之前，則必須先有理而後氣才可依傍此理而聚。所以既使山河大地都陷落了，氣也散開了，但理仍舊存在，留下這散開的氣再度聚合而成為萬物之可能性。

　關於理氣之先後問題，不少學者提出新的解釋。唐君毅先生仔細地辯解，朱子理氣之先後，不是時間上的、認知的、知識論上的、或邏輯的先後，而只是形而上下的先後。〔註75〕朱子已經以「不可說是今日有是理，明日卻有氣」來釐清了理氣之先後不是時間上的先後。它亦非是認知的先後問題，如先認知個體而後認知共相，或倒過來先認知共相而後認知個體的問題。這似乎是針對馮友蘭先生在他舊著《中國哲學史》裡所認為的，即理氣之關係是如共相與殊相之關係。如前所述，「氣」並不只是指個別的物體，亦不只是指個別的抽象體（如「這個紅色」）；他可以分而指個體物，亦可以統而指所有的萬物、動靜、事情。理氣之先後也不是康德在《純粹理性批判》裡所說明的知識論上的先後，即必有「先驗條件」（「能知」的形式）而後才有經驗知識（得知「所知」）。朱子的理氣論根本不是知識論上的進路；他說，在我們

〔註73〕《朱子語類》第一卷。
〔註74〕《朱子語類》第一卷。
〔註75〕參見唐君毅著，《中國哲學原論》原道篇（學生書局，民國75年），附錄：〈由朱子之言理先氣後，論當然之理與存在之理（上、下）〉，440～512頁。）

經驗地「推究」物體時，已經不可得知理氣之先後了。

朱子用「推其所從來」、「推上去」、「意度」等字眼來說明他如何體悟「理在氣先」之順序。由此學者往往下結論說，理氣之先後即是邏輯上之先後。他們所謂「邏輯上之先後」之意，應該只是「用邏輯的推理來判別理氣之順序」而已。但用邏輯的方法來得知先後，並不等同於邏輯方法之先後，或邏輯涵蘊（概念所預設）之先後〔註76〕。「理」之概念不涵蘊「氣」之概念，「氣」之概念亦不涵蘊「理」之概念。「理」、「氣」是不可雜混的、截然不同的兩個範疇，無邏輯上先後關係。

於此只剩下形而上下之先後。什麼是形而上下之先後？朱子所謂形而上下，不僅與西方所謂的形上學與物理學（metaphysics and physics）不同，與中國後來學者對形而上下之分亦不同〔註77〕。如前已述，朱子的形而上下之概念，就是很獨特的概念：但在此，不能以朱子形而上下之獨特性來說明理氣之先後，因為在朱子的體系裡，形上即是理（道），形下即是氣（器），這樣並沒有明什麼。

陳來先生說明理氣之關係，即是「事物的規律」與「事物本身」之關係，而它們之間的先後也是應該在此脈絡上理解〔註78〕。所謂「事物」之規律，包括事物存在之理（如山河大地之所以形成）和事親、事君等道德意義上之理。朱子說：

> 未有這事，先有這理，如未有君臣，已先有君臣之理，未有父子，
>
> 已先有父子之理。〔註79〕

對此說法，陳來先生提出批評：規律有一般與特殊之分，而特殊規律如君臣之理，連一般生物也不存在時，怎麼可能仍然存在？他說：「難道可以說，地球尚未出現高級生物時人類社會發展的規律就已存在；原始社會商品生產還

〔註76〕邏輯涵蘊之先後是如「女人」之概念涵蘊「人」的概念（所以可以說「女人是人」），但「人」之概念不涵蘊「女人」的概念（所以不能說「人是女人」）。

〔註77〕如王夫之就根本上反對形上形下之別。他在《周易外傳》云：「（彼以）『謂之』者，從其謂而立之名也。『上下』者，初無定界，從乎所擬儀而施之謂也。然則上下無殊畛，而道器無易體，明矣。……形而上者，非無形之謂。既有形矣，有形而後有形而上。無形之上，亙古今，通萬變，窮天窮地，窮人窮物，皆所未有者也。」戴震亦反對朱子的形上形下，主張「氣」也可以說是形而上。他在《孟子字義疏證》云：「陰陽之未成形質，是謂形而上者也，非形而下明矣。」

〔註78〕參見陳來著，《朱熹哲學研究》（文津出版社，民國79年），88～101頁。

〔註79〕《朱子語類》第九五卷。

不存在，而價值規律已就存在？這一點是理學始終所不能理解的。」〔註80〕

　　筆者認為，朱子理氣之分別與陳來先生所謂「事物的規律」和「事物本身」之分別大同小異。「小異」則在於朱子所謂的「氣」，嚴格地講，不能與「事物」完全等同；陰陽五行未成為形質之前，能不能說是「事物」是難說的。但朱子也常常將「氣」與「物」渾為一談，所以陰陽雖不是具體的事物，但可以稱之為物。

　　陳來先生的主要錯誤，除他的有些例子無所相應外〔註81〕，在於他以理氣之先後為存有論上〔註82〕之先後。形上學，尤其是西方的形上學，或多或少涉及到存有論（ontology）。所以學者們往往認為，朱子所謂理氣之先後，即是存有之先後，更何況朱子列舉了「山河大地都陷了，畢竟理卻只在這裏」、「未有君臣，已先有君臣之理」等例子。這些例子似乎表示還沒有氣之前，已有理。這也意味著，天上畢竟有無氣之理的時刻，但並不可能有無理之氣的時刻。朱子的「理生氣」論，則更鞏固這個立場。

　　朱子的理氣，雖然它們確實存在，但它們的存在卻不是我們所熟習的物（有）之存在。朱子說：「以理言之，則不可謂之有。以物言之，則不可謂之無。」〔註83〕由此可知，理之存在即是「無」之存在，而物之存在即是「有」之存在。既使理流行而具在於個體物之內，此仍是「無」之存在。既使個體之氣散開而不成為有形質之物，此仍是以「萬物形成之根源」（即陰陽）的形式存在，所以仍是「有」之存在。「理氣未嘗不離」、「動靜無端，陰陽無始」、「理氣本無先後」皆指存有論上（或時間上）之無所先後。朱子又說：

　　　凡有一物，則其成也，必有所始；其壞也，必有所終。而其所以始者，實理之至而向於有也；其所以終者，實理之盡而向於無也。若無是理則無是物矣。〔註84〕

這裡所謂「實理」是特別指「道」，即對「合理氣」而言（單獨的「理」而言，它是虛理，無可安置、無機可乘之理）。理氣從未不相離，成為「實理」；氣

〔註80〕陳來，《朱熹哲學研究》，91 頁。
〔註81〕陳來先生所謂之「特殊規律」能否與「人類社會發展規律」及「價值規律」有所相應，值得再度考慮，尤其「人類社會發展」本身有沒有規律，及「市場價值」本身有沒有規律，沒有陳來先生所認為之那麼確定。
〔註82〕這裡所謂「存有論」是指物質的存有論（thing-ontology）。
〔註83〕《朱子語類》第九四卷。
〔註84〕《朱子文集》卷五五，答李時可。

依傍理而凝聚（實理之至）則一物成，氣不依傍理而散亂〔註85〕（實理之盡）則一物壞。一物、甚至萬物天地之崩潰，不能使萬物之終極根源（氣、陰陽）跟著消失。理始終存在（無之存在），而氣亦始終存在（有之存在），因此我們不能說理氣之先後是存有論之先後。

若眞如此，理氣之先後究竟有何意思？這只是說形而下之氣應該「依傍」（依從、倚傍）形而上之理才可以生生萬物。換言之，氣依傍理才有「有之存在」。奇妙的是，所謂「有之存在」不僅指天下萬物，亦指萬物之根源，即氣（陰陽）本身。若要陽氣存在，則先要依傍動之理；若要陰氣存在，則先要依傍靜之理。但所依傍之主體，已經是陰陽；而若推究到陰陽依傍之前的話，陰陽則不存在，而在此我們則無先後可言。〔註86〕總之，朱子所謂「理先氣後」是指：氣要依傍理才有萬事萬物（包括它自己在內），氣要依傍理才可順性成德。

③ 理氣各有先後

除了「理先氣後」之說以外，朱子還有「理氣各有先後」之說。他說：

> 若論本原，即有理然後有氣。若論稟賦，則有是氣，而後理隨而具，故有是氣則有是理，是氣多則是理多，是氣少則是理少，又豈不可偏全論耶？〔註87〕

論本原，理先氣後；論稟賦，氣先理後。這先後關係很值得注意；這裡所謂的「先後」，與如前所說的「依傍」之義恰恰符合。論本原，氣先要依傍理才能生己生物；論稟賦，理要依從氣之動（承氣而行）才可能賦予萬物合當之性。

若朱子所謂的「先後」是存有論之先後的話，則意謂：在本原上「先理存在，而後氣存在」，而在稟賦上「先氣存在，而後理存在」。若順這種解釋，

〔註85〕有些學者認爲氣必須依傍理。但氣亦可以不依傍理活動，如馬載人而不從人之命令。《朱子語類》第四卷云：「氣雖是理之所生，然既生出，則理管他不得。」

〔註86〕在此，我們能不能說「有之存在」之前已有「無之存在」呢？或者說，「無」是不是先於「有」？「無」如何能生「有」？我們的結論是，「無」既不能生（動態地生產之義）「有」，亦不能先於「有」。「無」是指什麼都沒有之義；既然是什麼都沒有，怎麼能說它「先於」什麼呢？而且，沒有動靜之「無」，又如何動態地生「有」呢？

〔註87〕《朱子文集》卷五九，答趙致道書。

理氣似乎是忽有忽無，與朱子所謂「常理常道」背道而馳。

　　總而言之，在朱子的理氣先後問題上，理或氣之所以為先，不是因為它先存在，而是因為它成為所依傍、依從之對象。理氣各有先後之論，亦涉及到理氣之動靜以及人物理氣異同之問題。我們先簡單地討論理氣之動靜問題。

（3）理氣之動靜

　　理氣之動靜問題有兩個部分：一是理本身是不是動的問題，二是「理生氣」之意思為何的問題。

① 理乘氣動

　　朱子的理氣動靜問題，源於解釋周子《太極圖說》中「太極動而生陽、靜而生陰」之說。在朱子看來，理本身無所謂動靜。但因為理含有動靜之氣，我們才可說「理有動靜」。朱子說：

> 蓋天地之間，只有動靜兩端，循環不已，更無餘事。此之謂易。而其動其靜，則必有所以動靜之理焉，是則所謂太極者也。……蓋謂**太極含動靜則可**（自注：以本體而言也），**謂太極有動靜則可**（自注：以流行而言也），**若謂太極便是動靜，則是形而上下者不分，而「易有太極」之言亦贅矣。**〔註88〕

理氣從未不離，太極中有動靜（陰陽、氣），動靜中有太極，所以可以說太極含有動靜。但理氣從未不雜，形而上下之分亦未曾混亂，所以不能說太極即是動靜。太極本身雖不是動靜，但我們不能說理無動靜。朱子云：「氣既有動靜，所載之理亦安得謂之無動靜！」〔註89〕然則，這只是對「實理」（即理氣之合）而言。單獨的理，即「虛理」，其實無所謂動靜。所以理必須乘氣而動，如人跨馬而行。朱子說：

> 陽動陰靜，非太極動靜，只是理有動靜，理不可見，因陰陽而後知，**理搭在陰陽上，如人跨馬相似。**〔註90〕

> 問動靜者所承之機。曰：**理搭於氣而行。**〔註91〕

> 問：太極者本然之妙，動靜者所乘之機，太極只是理，理不可以動

〔註88〕《朱子文集》卷四五，答楊子直。
〔註89〕《朱子語類》第五卷。
〔註90〕《朱子語類》第九四卷。
〔註91〕《朱子語類》第九四卷。

> 靜言，惟動而生陽、靜而生陰，**理寓於氣**，不能無動靜。所承之機，
> 乘如乘載之乘。其動靜者乃乘載在氣上，不覺動了靜，靜了又動。
> 先生曰：然。〔註92〕

> **太極理也，動靜氣也。氣行則理亦行。二者常相依而未嘗相離也。**
> **太極猶人，動靜猶馬，馬所以載人，人所以乘馬。馬之一出一入，**
> 人亦與之一出一入。蓋一動一靜，而太極之妙未嘗不在焉。〔註93〕

> 理不可見，因陰陽而後知，理搭在陰陽上，如人跨馬相似。〔註94〕

理是「本然之妙」，氣是「所乘之機」。妙不是「妙運」之妙，而是「妙合」
之妙。理與氣妙合，搭乘氣而行，寓於氣之體而顯。恰如人跨馬，馬一出一
入，人則與牠一出一入。

「理乘氣動，如人跨馬行」之論，引發有趣的問題。在此活動的是馬，
人只是隨馬出入而已。明儒曹端批評此說，若如此則「人為死人」而「理為
死理」。〔註95〕曹端之語氣雖重，但他看透了朱子所說的人全需要依賴馬之
動，卻無能操縱、控制、駕馭之；朱子的理無能為力，雖不是死，但沒有管
制的力量。我們的問題是：若理全隨氣而行，萬物如何規律地造化？人如何
實踐道德？若人完全依靠馬之動而不操縱之，馬如何走向人所願意之路？

而且，既假設理完全可以操縱氣，仍會產生問題。若理無不善，而能控
制氣的話（如高手騎馬似的），為什麼種種不善會出現？人為什麼流於惡？物
為什麼變壞？魂飛魄散之不幸事件為何發生？

朱子的倫理體系所提出的解決方法，則是：理雖不能積極地操縱氣，但
因為氣本來是依傍理而生的，所以理可消極地影響氣。換言之，氣生而具有
理，理是氣應該依從之準則。雖所有的行動屬於氣，但若氣之動靜違背理，
則會產生人不善、事不成、物不生之結果，而若氣之動靜順理合道，則會產
生萬物造化、萬事調和、成賢成聖之結果。

② 理生氣

如上所述，朱子的倫理體系裡，除「理乘氣動」之外，還要有「理生氣」
之說。若無「理生氣」之論，則朱子的理好像變成無能為力之「死理」。我

〔註92〕《朱子語類》第九四卷。
〔註93〕《朱子語類》第九四卷。
〔註94〕《朱子語類》第九四卷。
〔註95〕《明儒學案》卷四四。

們在「理生氣」論裡，發現理之所能（消極地）影響氣之苗種。朱子說：

> 周子康節說太極，和陰陽滾說。《易》中便抬起說。周子言「太極動
> 而生陽、靜而生陰」，如言太極動是陽，動極而靜，靜便是陰。動時
> 便是陽之太極，靜時便是陰之太極，蓋太極即在陰陽裏。如「易有
> 太極，是生兩儀」，則先從實理處說。若論其生則俱生，太極依舊在
> 陰陽裏，但言這次序，須有這實理方始有陰陽也，其理則一，雖然，
> **自見在事物而觀之則陰陽函太極，推其本則太極生陰陽。**〔註96〕

這裡所謂「理生氣」，只是說「依傍理，氣才有合度的生化」，不是說理動態
地產生氣，亦不是說氣從理中生出來。如前一節〈理氣之先後〉中所述，理
氣始終存在（太極依舊在陰陽裏），沒有「無」生「有」之道理。就事物之稟
受而言，因為理乘氣動，理依從氣之動靜，所以云「陰陽函太極」。就理氣之
本原而言，依傍動之理，陽氣才可合度地生，依傍靜之理，陰氣才可合度地
生，所以云「太極生陰陽」。朱子又說：

> 太極生陰陽，理生氣也。陰陽既生，太極在其中，理復在氣之內也。
>
> 〔註97〕

> 氣雖是理之所生，然既生出，則理管他不得。〔註98〕

所謂「理生氣而復在氣之內」，不是指理之運動，而是指理需要依賴氣之動靜。
氣本來是依傍理而生的，可是動靜全屬於氣，理管不了氣之動靜。於此，氣
會不會順性如理合道，或背道而馳，應該全依靠氣。唯一可以確定的是，順
著理則萬物生，違背理則萬事壞。這是因為氣本來是依傍理而生，以理為其
性。就存在生死而言，違背理意謂著破壞自己之性、生理、存在之理，走自
滅之路；而依傍理意謂著順自己之性、自己所生之道，走生生不已、生化萬
物之路。就道德善惡之根源而言，惡是違理而生，善是順理而生。為善去惡
之具體行動，則全靠氣（心）之決定。

3. 理氣之特性

在此所探討的「理氣之特性」，是理氣關係之申論。朱子說「理一氣多」
（或理多氣多）、「理弱氣強」及「理善氣有不善」（或理有不善），是指對理

〔註96〕《朱子語類》第七五卷。
〔註97〕引自《元公周先生濂溪集》上卷二。
〔註98〕《朱子語類》第四卷。

氣合下的情況，即對「實理」、「實氣」〔註99〕而言。理本身（單獨地講理）
一而不多，無所強弱，無所不善。但因理乘氣行，或多或少在氣之影響之下，
故曰理多、理弱、理有不善。這一節是簡略地討論朱子所謂理多、理弱及理
有不善之實義。

（1）理氣之「一」、「多」

① 理之一多

朱子說明太極和陰陽時，始終保持理一氣多（或兩）之立場。他說：

〔宇宙萬物〕只是一分爲二，節節如此，以至無窮，皆是一生兩爾。
〔註100〕

天下的道理，只是一個包兩個。〔註101〕

「一」指太極，「兩」指陰陽。這裡所謂「一分二」不是說一個物體分開爲二，
如一個蘋果切開爲兩片；所謂「一包二」不是說兩個物體被包在一個物體之
內，如兩個蘋果包在一個袋子裡。「一分二」和「一包二」只是指太極與陰陽
之不離，即互相依賴之義。

然太極之一，在萬物稟受天理爲其性時，似乎帶來「理多」之意味。朱子說：

本只是一太極，而萬物各有稟受，又自各全具一太極耳。如月在天，
只一而已。及散在江湖，則隨處而見。不可謂月已分也。〔註102〕

理本來只是一而已，但理乘氣動，流行於萬物之後，萬物各有一太極。在此
情況下，理是一，還是多？理是全，還是偏？朱子說：

所論理氣之偏，若論本源，既有理而後有氣，故理不可以偏全論。
若論稟賦，則有是氣而後理隨以具，固有是氣則有是理，無是氣則
無是理，是氣多則是理多，是氣少，則是理少，又豈不可以偏全論
耶？〔註103〕

惟其所受之氣有許多，故其理亦只有許多，如犬馬，他這形氣如此，

〔註99〕 理本身是空虛的，但放在氣中，則成爲實理。朱子少談「實氣」，因爲氣本身
是依傍理才成爲氣，故「虛氣」根本不可能存在。凡是氣，一定是與理合起
來的實氣。

〔註100〕 《朱子語類》第六七卷。

〔註101〕 《朱子語類》第七九卷。

〔註102〕 《朱子語類》第九四卷。

〔註103〕 《朱子文集》卷五九，答趙致道。

故只會得如此事。〔註104〕

這裡朱子好像是承認理「可以多」。但此不代表理本身是多。理本身是空虛的、不可見的、無所放的；理放在氣之體質、形狀後，在多處實在、在多處可見而已。而且，理本不是物體，無所謂多少。一個物體分隔爲多之後，原來的物體就減少，但抽象（無形無象）的東西，不論在多少物體上顯現，其本身從未減少。譬如紅色，在蘋果、五星旗、毛語錄等物體上可發現，但從未有「紅色分而減少」之道理。至於「理之偏」，朱子說：

> 問：物物具一太極，則是理無不全也。曰：謂之全亦可，謂之偏亦可。以理言之，則無不全，以氣言之則不能無偏。〔註105〕

這裡朱子也好像是容許「理之偏」。但後面朱子卻說「以理言之，則無不全」。以此說明，理本身無所偏差，但因爲物物皆以受氣爲形，理之表現亦隨著氣而有偏差。如前所述，理本身無所謂多少，只是理之處所或多或少而已。同樣地，理本身無所謂偏差，只是氣之表現理上有全偏之分而已。

② 氣之一多

由朱子講理隨氣之多而多，便知氣本身是多數的物。但朱子卻氣（陰陽）亦可說爲一。他說：

> 陰陽雖是兩箇字，然卻只是一氣之消息，一進一退，一消一長。進處便是陽，退處便是陰。長處便是陽，消處便是陰。只是這一氣之消長，做出股今天地間無限事來。所以陰陽做一箇說亦得，做兩箇說亦得。〔註106〕

陽之動即是一氣之動，陰之靜亦即是這氣之靜。所以陰陽可以說是兩個，亦可以說是一個。如此看來，陰陽好像是一體之兩面，如一分錢之正反面。如果說氣是一種運動，陽便是進之運動，陰便是退之運動了。不論進退、消長，它們皆屬於一種運動。

但嚴格地講，氣本身不能說是一。換言之，除了兩面之外，氣沒有所謂一體的獨立存在。陰陽是對立的概念，動靜、進退、消長亦是對立的概念。無對立的乃是理，一陰一陽、一動一靜、一進一退皆是無對立地說理。在一

〔註104〕《朱子文集》卷四六，答黃商伯。
〔註105〕《朱子語類》第四卷。
〔註106〕《朱子語類》第七四卷。

的標準之下，才能產生對立之概念。若要說陽是動，我們要先說「相對於什麼標準」來說它是動的；若要說陰是靜，我們要先說「相對於什麼標準」來說它是靜的。所謂的標準，乃是理；氣是此標準之下的多種運行。所以一體是理，不是氣；氣只是兩面而已。朱子也說：

> 凡天下之事，一不能化，惟兩而後能化。且如一陰一陽，始能化生萬物。〔註107〕

「一不能化」是指理（太極）本身沒有化育萬物之能力。一是無所對立的，成為萬事萬物之絕對標準。有對立之後才有所謂動靜、進退、消長等各種各樣的變化，所以說「惟兩而後能化」。然則陰與陽如何能千變萬化呢？朱子說：

> 統言陰陽只是兩端，而陰中自分陰陽，陽中也有陰陽。乾道成男，坤道成女，男雖屬陽，而不可謂無陰，亦不可謂其無陽。〔註108〕

由此可見，陰陽既使「統」而言之也還是兩個，不能是一個。兩個對立的概念之內，又各自有對立之概念，而此概念自身又有對立之概念。順著陰陽兩分四、四分八、八分十六之變化，無窮無盡的事物表現不同的大小、不同的形狀、不同的運動。

在這一節討論了朱子偶爾講「理多」或「氣一」之實意。在朱子的體系裡，理本身是一，氣本身是多。所謂「理多」，只是指理之處所、理之顯現狀態之多，而所謂「氣之一」，只是指氣之體（即理）之一。

（2）理氣之強弱

朱子的「氣強理弱」說，是與「理生氣」和「理乘氣動」之說合而說明道德之善惡為何存在。只據「理生氣」說，我們不能瞭解至善之理所生的氣仍然可以流於惡。只據「理乘氣動」說，我們不能瞭解理為何物，好像死人跨馬似的。於此討論的「氣強理弱」說，是「理乘氣動」之延伸，說明理雖「生」氣，它卻管制不了氣之決定。

朱子的「氣強理弱」說，出現在《朱子語類》中的兩段。其一為：

> 謙之問：「天地之氣，當其昏明駁雜之時，則其理亦隨之昏明駁雜否？
>
> 曰：理卻只恁地，只是氣自如此。又問：若氣如此，理不如此，則

〔註107〕《朱子語類》第九八卷。
〔註108〕《朱子語類》第九四卷。

是理與氣相離矣。曰：氣雖是理之所生，然既生出，則理管他不得。**如這理寓於氣了，日用間運用都由這個氣，只是氣強理弱。**譬如大赦禮文一時將稅都放了相似，有那村知縣硬自促縛，需要他納，緣被他近了，更自叫上面不應；便見那氣粗而理微。又如父子，若子不肖，父亦管他不得。聖人所以立教，正是要救這些子。〔註109〕

其二為：

問：天地之性既善，則氣稟之性如何不善？曰：理固無不善，才賦於氣質，便有清濁偏正剛柔緩急之不同。**蓋氣強而理弱，理管攝他不得。**如父子本是一氣，子乃父所生，父賢而子不肖，父也管他不得。又如君臣乃同心一體，臣乃君所命，上欲行而下沮格，上之人亦不能一一去督責得他。〔註110〕

朱子所謂「氣強理弱」，只是指理不能干涉氣之動靜、氣之道德選擇。在朱子的理氣論裡，理是「無形跡、無情意、無計度、無造作」〔註111〕的，只是成為氣之活動和道德善惡之標準而已。所以朱子的氣（如「人心」），某些程度上能夠自由地選擇、決定其方向。換言之，氣雖不是完全自由地創造、創生道德本體（道德標準只是理，不是氣），但順不順理、從不從理，皆是氣（心）自己所決定的。在理氣二分的結構下，正因為氣之活動不被理所控制，故朱子的道德論才不陷於「決定論」或「命定論」。這一點我們在後一節〈理氣之善惡〉裡再比較詳細地考察。

朱子的「氣強理弱」論頗多令人誤解的地方。〔註112〕朱子以「父生子」、「君命臣」之例子來說明「理生氣」，其目的本來只是要說明「理管不了氣」而已。前面已說明了朱子「理生氣」之本意，即「氣依傍理而成為此氣」。但在這兩段之例子中，理好像是積極地、動態地生出氣，如父母生孩子、君王命令臣子。我們應該僅記，無形無意之理絕不可能是如父親和君王般地生產、命令。實際上，父母和君王也不是紙老虎，不可能是無能為力的、只會生產、

〔註109〕《朱子語類》第四卷。

〔註110〕《朱子語類》第一卷。

〔註111〕《朱子語類》第一卷云：「蓋氣則能凝結造作，理卻無情意，無計度，無造作。只此氣凝聚處，理便在其中。且如天地間人物草木禽獸，其生也莫不有種，定不會無種子白地生出一個物事，這個都是氣。若理，則只是個潔淨空闊底世界，無形跡，他卻不會造作，氣則能醞釀凝聚生物也。」

〔註112〕關於這一點，可以參考董金裕之〈朱熹的氣強理弱說及其地位〉（在《國際朱子學會議論文集》上冊，中央研究院，民國82年，387～401頁）。

只會命令的存在。由此推知，這兩個例子之重點不在於「父、君」和「子、臣」本身上，而只在於父、君之「管攝不得」和子、臣之「自由決定」上。

「氣強理弱」是相對的概念。所謂「氣強理弱」是對形成事物時所影響的程度而言的。理既寓於氣，它的「日用間運用（不得不）都由這個氣」之運用而行，所以氣多則理多，氣少則理少。對道德修養工夫而言，工夫的重點全在氣（心）上，而理之呈現全要看氣是否順性合理，或背道違仁。在這一點上，我們亦可以說「氣強理弱」。然則，就理氣之本原而言，理生氣：即，要是成爲氣本身，它非要先依傍理不可。這是「理先氣後」之義，也可謂是「理強氣弱」。而且，若道德之偏全可以用「強弱」來度量的話，亦可以說是「理強氣弱」。總之，「氣強理弱」是稟賦事物而言的，此不意謂著理本身之弱，或氣本身之強。

（3）理氣之善惡

我們在前一章〈朱子的心性論〉裡討論了「性無不善、心有不善」。在朱子的體系裡，性屬於理，心屬於氣；性之無不善是由理之無不善而來的，而心之有不善是由氣之有不善而來的。在此簡單地討論理氣之善惡，並說明理之善與氣之善之差別。

① 理有善惡乎？──理無不善

朱子的理不僅是物理和事理，而是天理，即成爲道德標準之理則。由他說性之無不善，我們便可知理之無不善。在此不必重複說明性之至善。

有些學者認爲，朱子的理和氣只能夠說明自然之規律，而不能說明道德之善惡。李明輝先生說：「氣質底特徵，如剛柔、強弱、昏明、清濁、偏正、厚薄等，其本身只是一種自然的特徵，並不具有道德意義」〔註113〕。但理不只是自然物理。朱子說：

> 理無有不善。〔註114〕

> 太極只是個極好至善底道理，人人有一太極，物物有一太極，周子

〔註113〕李明輝著，〈朱子論惡之根源〉（在《國際朱子會議論文集》，中央研究院，民國82年，551～580頁），564頁。這一文雖是對形上之氣質而言，不是對人心之氣而言，但從（形上之氣）「本身只是一種自然的特徵」觀之，李明輝先生似乎認爲，朱子的理和氣只有自然規律及特徵之意義，而無道德之意義。

〔註114〕《朱子語類》第八七卷。

> 所謂太極,是天地人物萬善至好底表德。〔註115〕

> 誠者,至實而無妄之謂,天所賦物所受之正理也。……誠即所謂太
> 極也。〔註116〕

由此可知,太極不僅是萬物生存之終極根源,意識種種價值之根源。在朱子看來,「自然根源」與「價值根源」並不是截然分開。太極是自然規則,亦同時是道德規則。朱子說:「繼之者善,生生不已之意。」〔註117〕萬物之生,以「生之理」為其性。順性則生,不順性則死;順性乃是善,違性乃是惡。男女合而生子女,此子女又合而生自己的子女;此男女本有父母,此父母又有自己的父母。故朱子曰:

> 推之於前而不見其始之合,引之於後而不見其終之離也。故程子曰:

> 動靜無端,陰陽無始,非知道者,孰能識之!〔註118〕

朱子由「善」指出「生」,其意義在闡明為善之道,乃是生存之道。對人而言,所謂仁義禮智信之五常,就是使人類共同、和平地生存之基礎。人之無道,乃是破壞人之生存基礎,導致自毀。《朱子語類》云:

> 問:天地會壞否?曰:不會壞。只是相將人無道極了,便一齊打合,
> 混沌一番,人物都盡,又重新起!〔註119〕

朱子在此將「天地之壞」與「人之無道」聯繫起來,表明違背道德理則到極處,便招徠人物都盡之後果。

理是生存的理則,亦是道德的理則。理是一種規則、標準、準則;問題是,理成為判斷善惡的標準,這標準本身如何可能有善惡呢?朱子解釋伊川之「天下善惡皆天理」說:

> 道理有背有面,順之則是,背之則非。緣有此理,方有此惡。〔註120〕

> 善只是當恁地底,惡只是不當恁地底。善惡皆是理,但善是那順底,
> 惡是反轉來底。然以其反而不善,則知那善底自在。故善惡皆理也,
> 然卻不可道有惡底理。〔註121〕

〔註115〕《朱子語類》第九四卷。
〔註116〕《通書解》。
〔註117〕《朱子語類》第七四卷。
〔註118〕《太極圖說解》。
〔註119〕《朱子語類》第一卷。
〔註120〕《朱子語類》第九七卷。
〔註121〕《朱子語類》第九七卷。

所謂善惡皆是理，不是說理有善惡，而只是說理是氣所依傍的準則。順之則是，背之則非；順背皆是一種活動，即氣之活動。所以嚴格地講，善惡是屬於氣，不屬於理本身。而我們如何得知理之存在呢？朱子的解釋是：在氣之善處可見理之存在，在氣之惡處亦可見理之存在。若理不存在，不成為一個標準，則氣之活動無善惡可言。

順道之謂善，這是對氣之活動而言。氣之善，與無動靜之理之「至善」有何分別呢？朱子說：

> 本然之性本自無對，才說善時，便與那惡對矣。才說善惡，便非本然之性矣。本然之性，是上面一箇，其尊無比。善是下面底，才說善時，便與惡對，非本然之性矣。孟子道性善，非是說性之善，只是贊歎之辭，說好箇性，如佛言善哉。〔註122〕

在朱子的心性論裡，只性屬於理，而其他情、心、才〔註123〕等皆屬於氣。情、心、才是動的事物，與成為絕對標準的理可近可遠，所以自內包含善惡之可能性〔註124〕。它們的善惡，均是氣之善惡，即有對之善惡。它們的活動是對與理之遠近、順背、離合來衡量的，所以它們的善惡是有對之善惡。理之善不是有對之善，故朱子說「性善」是「贊歎之辭」。

理是無對的、無比的準則；理無情意、無計度、無聲無臭，但這亦不是說理是中性的、無所謂善惡的自然天。故朱子說：

> 蒼蒼之謂天。運轉周流不已，便是那箇。而今說天有箇人在那裏批判罪惡，固不可；說到全無主之者，又不可。這裏要人見得。
> 〔註125〕

理是自然準則，但不是全無主、無善無惡的中性體。理又是道德準則，但不是積極地、動態地批判罪惡之人格天。若說理（天）有善惡，則好像是說理有對立之下的善惡（即氣之善惡）；若說理無善惡，則好像是說理純是中性的，

〔註122〕《朱子語類》第一〇一卷。

〔註123〕朱子所謂「才」是指心之力，即心之所能夠為善去惡之力量。《朱子語類》第一卷云：「才是心之力，是有氣力去做底。」又云：「問：能為善，便是才。曰：能為善而本善者是才。若云能為善便是才，則能為惡亦是才也。」才之本善，與性之本善不同。「才」是正面地說法，如「力」、「能」是正面的說法。負面地說則是「無才」、「無力」、「無能」，所以朱子說「為惡」不是才。

〔註124〕所以，朱子由「動」指出「有善惡」。《朱子語類》第一卷云：「或問：心有善惡否？曰：心是動底物事，自然有惡。」

〔註125〕《朱子語類》第一卷。

無主的自然天。所以朱子說理是「至善」的、「無不善」的道理，以與「有對之善」和「無惡」（在「無善無惡」意義上之「無惡」）區分開來。

②「氣有善惡」之義

理是至善的準則，氣是有善有惡的運行。氣之運行，不只是指物之自然動靜，亦包括人內心之自覺活動，如認知、感情、意欲等。所以氣不僅有「自然之善」及「自然之惡」，亦有「道德之善」和「道德之惡」。有些學者認爲，氣質只有自然之善惡，如李明輝先生說：「即使我們可以說氣質之善惡，這也只是指『自然之善』和『自然之惡』。因此，爲了說明『道德之惡』底根源，訴諸氣質是不夠的。」〔註126〕

然則，朱子並不將人與自然截然分開，而視人爲萬物中的一部份，即萬物中最精靈、具有最高知覺的存在。所以對物而言，所謂「自然之惡」就是威脅物的生存之運行，如魚之離開水、樹林之火災等。對人而言，「道德之惡」亦是威脅人類生存之運行，如殘忍、相鬥等。不論自然之惡或道德之惡，皆是氣之活動，即違背生存之理之活動。

氣是陰陽、動靜、剛柔、進退等相互對立之運行所構成的。所謂「氣有善惡」，是不是指其所構成的元素中，有善的元素亦有惡的元素呢？朱子不以爲然：

> 且以陰陽善惡論之，則陰陽之正皆善也，其沴皆惡也。周子所謂剛善剛惡柔亦如之者，是也。以象類言，則陽善陰惡，以動靜言，則陽客陰主，此類甚多。要當大其心觀之，不可以一說拘也。
>
> 〔註127〕

所謂「氣有善惡」，是說氣有動靜，可以合於理（善）或離於理（惡）之可能性。這並不意味著動是好而靜是壞的，或陽是善而陰是惡的。陰陽之正道，即順性合理就是善，而陰陽之沴孽，即反性離道就是惡。朱子主張我們不可拘執陰陽、動靜、剛柔等對立的元素之一，而說這就是善的而另一個就是惡的。若只有陽是善的，則天下最好沒有陰；若剛是好的，則天下最好沒有柔。但陽是因爲有陰而有的，剛亦是因爲有柔而有的。如男是因有女而有，女亦

〔註126〕李明輝著，〈朱子論惡之根源〉（在《國際朱子會議論文集》，中央研究院，民
　　　　國82年，551～580頁），564頁。
〔註127〕《朱子文集》卷四九，答王子合。

是因有男而有。對立的因素中，一個也不能缺，不然則不能生化萬物、生生不已。

在此意義上，氣之活動之因素本身（即動、靜、剛、柔等個別因素）可謂是中性的。兩者合而動，才有善惡可言。現代的學者解釋「氣」或「氣質」時，往往只看氣之某種因素之中性（neutrality）；動本身或靜本身不是道德善惡的標準，所以不能談動本身是善的或惡的。但他們未曾注意的是，氣必須有兩種對立的因素才可運行。若「動」是指一種運行的話，這已包括「靜」之存在。氣之運行，須看陰陽之合一才可以談。所以氣之整體而言，它不是中性的自然運行（如現代科學家所謂的自然之無善惡），而是有善有惡的，有價值的（不論生存價值〔註128〕或道德價值）。

4. 理氣與人物

我們在第一節裡，探討了所有生物與非生物之本原，即理氣之本質。理是生物之所以可能存在，即這生物「存在之根源」。氣是生物之所以為此形狀，即這生物「形體之根源」。在第二節裡，我們討論了理氣之關係，即在理氣二分（不雜）之基礎上，互相依賴（不離）的關係。推想到理氣之本原，即氣如何最初可能成為這個氣，便知氣是依傍理而成為這氣的，故曰理先氣後。然氣一旦成為這氣之後，他的動靜、運行全是屬於它自己的，無動靜、無計度之理只是搭乘氣之動而流行，故曰理乘氣動，氣強理弱。第三節是從第二節延伸地討論，企圖釐清關於理氣之一多、強弱、善惡之種種議論。

朱子的理氣論，是從比較廣大的角度看人之道德問題。在心性論所探討的心、性、情，皆有天上根源，即性之屬於理，而心、情之屬於氣。由此，討論理氣之意義，不僅針對物之存在的根源，亦不僅針對人之道德的根源；這是使人從所謂「理氣」這麼廣闊的框架來看人之生命意義，人之存在的意義。因此，論朱子的理氣論，敘述他對人物之理氣異同就是我們應該討論的最後論點。由人物之共同點，就可知人與物存在的普遍價值。由人物之差異點，就可知人之為人的特殊價值。

〔註128〕我們往往認為「價值」只是指道德價值。但我們談「生命的價值」（value of life）時，不論是有道德意識的人之生命，或是無道德判斷的動物、植物之生命，均是可貴的。由此可見，「生存」本身不是可有可無的中性概念，而是自有價值的概念。

（1）理同氣異

　　朱子說人人有一太極，物物有一太極。人、動物、甚至枯槁〔註129〕皆有性，皆有理。而人與物所稟受之理本來是同一個太極，但因氣之不同，則有人與禽獸之分別。朱子在李延平「理同氣異」〔註130〕說的啟發之下，對此有仔細的討論。〔註131〕

　　朱子說：

> 承喻人物之性同異之說，此正所當疑講者。……熹聞之，**人物之性本無不同，而氣稟則不能無異耳**。程子所謂率性之謂道兼人物而言，又云不獨人爾，萬物皆然，**以性之同然者而言也**。……然性只是理，恐難如此分裂，只是隨氣質所賦之不同，或有所弊而不能明耳，理則初無二也。至孟子之言只說人分上道理，若子思之意，則本兼人物而言之也。**性同氣異，只此四字，包含無限道理**。〔註132〕

這裡所謂的「理同氣異」所帶來的含意頗多且不清。所謂「理同」是指存在之理之同一，還是仁義禮智之理之同一？如果說人物之存在之理乃是仁義禮智之理，人物有沒有根本上之不同呢？即人物均有仁義禮智在內，而只人有能力表現出來此性，而物沒有此能力的話，人與物之不同只是在此能力（氣）上不同，而人性和物性則無所不同。朱子亦有這種說法：

> 問：或問氣之正且通者為人，氣之偏且塞者為物，如何？曰：物之生，必因氣之聚而後有形。得其清者為人，得其濁者為物。假如大爐鎔鐵，其好者在一處，其渣滓又在一處。又問：氣則有清濁，而理則一同，如何？曰：固是如此。理者，如一寶珠，在聖賢則如置在清水中，其輝光自然發見。在愚不肖者，如置在濁水中，須是澄去泥沙，則光方可見。今人所以不見理，合澄去泥沙，此所以須要克治也。至如萬物，亦有此理。天何嘗不將此理與他，只為氣昏塞，如置寶珠於濁泥中，不復可見。然物類中亦有之君臣母子，知祭，知時者，亦是其中有一線明處。然而不能如人者，只為他不能克治

〔註129〕《朱子語類》第一卷云：「問：枯槁有性否？曰：才有物，便有理。」

〔註130〕《延平問答》云：「人得其秀而最靈，五常中和之氣所聚，禽獸得其偏而已，此其所以異也」（壬午六月書）。

〔註131〕關於人物之性之討論，分散在《朱子文集》；《朱子語類》第四卷〈人物之性氣質之性〉裡亦有記載。

〔註132〕《朱子文集》卷三九，答徐元聘。

耳。且蚤虱亦有知，如飢則噬人之類是也。〔註133〕

理是天公平地賦予給人物的，所以不論聖賢、愚不肖、萬物，皆有如寶珠一般的天理在內。只是人受氣之正而能克治，而物受氣之偏而不能克治，因此在人物的表現上，必有所不同。〔註134〕而人與人之間，有聖有愚之分，聖人便是能夠呈現他所稟受之理，而愚人則是未能克制徇私而不能將他固有之理顯現出來。但無論上智或下愚，他們本來就有為善去惡之能力，與無法自制的其他事物有有所差距。

（2）氣同理異

以上的結論是，人物之理本無不同，而只是它們表現出來的理有所不同。朱子的門人也意識到這一點，因此問：

> 問：人物皆稟天地之理以為性，皆受天地之氣為形。若人品之不同，固是氣有昏明厚薄之異，若在物言之，不知所稟之理便有不全耶？亦是緣氣稟之昏蔽如此耶？
>
> 曰：惟其所受之氣有許多，故其理亦只有許多，如犬馬，他這形氣如此，故只會得如此事。〔註135〕

朱子的門人（輔廣）所問的是，人物稟受性理時，它們是不是本來就受到理之全體，但人能表現理之全，而物只能表現理之偏所以有所差距；還是人物稟受性理時，因為氣之昏明厚薄之異，它們所受到之理之偏全已經定下來了，人能夠表現理之全，而物無論如何，能夠表現出來的只是這偏差之理而已。前後問題的差異在於：前者，人物之差距只是在其表現上，與人物之差距是如聖愚之差距。後者，人物之差距在稟受的過程中已決定，人是因為受到理之全所以「能」表現出理之全（無論實際上是否表現出來），而物是因為未受到理之全（因為氣之昏薄），所以它們的表現根本有限。後者，人物之差距，不是如聖愚之差距。愚是「能而不為」者，物是即使想為但根本不能為者。

〔註133〕《朱子語類》第一七卷。
〔註134〕唐君毅先生在《中國哲學原論》原性篇說道：「此謂萬物一源之理同，是指此太極之理之全，即為萬物之共同所以生之一源。本此一源而生萬物，即見『天命流行，只說當是一般。』唯以萬物之氣之異，而各有其限制，所實現於理之全之中之理之不同，以有其消極的未能實現之理，方有此萬物之別，故曰理同而氣異」（學生書局，民國78年，387頁）。
〔註135〕《朱子語類》第四卷。

朱子的「氣有許多，故理亦只有許多」，未甚明確地表示他是支持那一個立場。

　　然而，我們可從朱子「氣同理異」說中，看出朱子是支持第二個解釋。朱子說：

> 問：《中庸章句》謂人物之生各得其所賦之理以爲健順五常之德，《或問》亦言人物雖有氣稟之異，而理則未嘗不同。《孟子集注》謂以氣言之則知覺運動人與物若不異，以理言之則仁義禮智之稟豈物之所得而全哉？二說似不同。豈氣既不齊，則所稟之理亦隨以異歟？
>
> 曰：**論萬物之一源，則理同而氣異；觀萬物之異體，則氣猶相近而理絕不同也**。氣之異者粹駁之不齊，**理之異者，偏全之或異**。〔註136〕

就對本原而言，氣是依傍理而生的，雖氣造化不同的事物，但它們「存在之理」即是這氣的存在之理，故無所不同。對稟受而言，人稟受氣之清而具有理之全，物稟受氣之濁而只具有理之偏，所以人性與物性生而有異。這也是說，縱使人物之氣（氣質、知覺能力）是一樣的，「人之所以成爲人」與「物之所以成爲物」不得不異。朱子說：

> 物物運動蠢然，若與人無異。而人之仁義禮智之粹然者，物則無也。〔註137〕

> 氣相近，如之寒煖，識饑飽，好生惡死，趨利避害，人與物都一般。理不同，如蜂蟻之君臣，只是他義上有一點子明；虎狼之父子，只是他仁上有一點子明；其他更推不去。〔註138〕

人與物，不僅它們的基本生存慾望無異，知覺上亦有所相似。譬如，愚蠢的人和動物在它們的行爲上無大分別；有些有智能的動物之表現仁義，似乎一如人類表現出來的仁義。但無論多麼愚笨的人，他仍以仁義禮智爲性，故至少有表現道德全體之可能性。而無論多麼聰明的動物，它們稟受理時已被昏氣有所限制，故根本不能，亦推不下去它們的仁義。所以，雖然氣是由理而生（最初，氣依傍理而生），但因爲氣有所偏差，人物稟受之理亦有偏全之差。此不僅說氣之表現上有所不同，即使氣之表現是一樣的（如愚人和動物），它們所能表現之可能性根本不同。所以朱子說：

> 性者，人之所得於天之理也；生者，人之所得於天之氣也。性，形

〔註136〕《朱子文集》卷四六，答黃商伯。
〔註137〕《朱子語類》第四卷。
〔註138〕《朱子語類》第四卷。

而上者也；氣，形而下者也。人物之生，莫不有是性，亦莫不有是
氣。然以氣言之，則知覺運動人與物若不異也；以理言之，則仁義
禮智之稟，豈物之所得而全哉？此人之性所以無不善，而爲萬物之
靈也。〔註139〕

又說：

然犬之性猶牛之性，牛之性猶人之性歟！犬牛人之形氣既具，而有
知覺能運動者，生也。有生雖同，然形氣既異，則其生而有得乎天
之理亦異。蓋在人則得其全而無有不善，在物則有所蔽而不得其全，
是乃所謂性也。今告子曰生之謂性，如白之謂白，而凡白之白無異
白焉，則是指形氣之生者以爲性，而爲之物之所得於天者亦無不同
矣。故孟子以此詰之，而告子理屈詞窮不能復對也，……蓋知覺運
動者，形氣之所爲，仁義禮智者，天命之所賦。學者於此正當審其
偏正全闕而求知所以自貴於物，不可以有生之同及**自陷於禽獸而不
自知己性之大全也**，告子一段欲如此改定，仍刪去舊論，似已簡徑，
但恐於一原處未甚分明，請更詳之。〔註140〕

朱子說明，人與物皆有生命，其「生存之理」是同樣的。但「人之所以成
爲人」（人性）和「物之所以成爲物」（物性）是不同的。換言之，動物從
未實踐道德行爲，但仍然能夠保持他的生命。然若人不爲善而過禽獸一般
的生活，人則不能保持他的尊嚴，不能成爲眞正的人而存在。螞蟻只要靠
它們的合作（義），虎子只要靠母虎之照顧（仁），則一代一代地生存下來
無大問題。但人若無仁義禮智之全，則流於過或不及之偏，殘忍、相爭、
野蠻、冒昧等各種惡因而出現，而人則走自殘自滅之路。所以學者應當求
知「自貴於物」，人性與物性之分別；。人與物自有分別，不能「一齊打合、
混沌一番」〔註141〕。

生之謂性之章，論人與物之異，固由氣稟之不同。但究其所以然者，
卻是因其氣稟之不同而所賦之理固亦有異。所以**孟子分別犬之性、
牛之性、人之性有不同者，而未嘗言犬之氣、牛之氣、人之氣不同
也。**人之所以異於禽獸一章亦是如此。若如所論，則孟子之言爲不

〔註139〕《論孟集注》卷十一，告子上。

〔註140〕《朱子文集》卷五十，答程正思。

〔註141〕這句話出於《朱子語類》第一卷：「問：天地會壞否？曰：不會壞。只是相將
人無道極了，便一齊打合，混沌一番，人物都盡，又重新起！」

當，而告子白雪白羽白玉之白更無差別，反爲至論矣。〔註142〕

人與物，不僅它們表現出來的氣有所不同，它們之間的「性」自有所不同。故聖人未言人物氣之不同，而只強調人物性之不同。其實，聖人不講氣之不同之原因，是因爲他未分心性、理氣而二之故。在孔孟系統裡，心就是性，就是理；理氣是即體即用，互相動靜，因此不用講理同氣異、氣同理異等說。儘管如此，我們於此還看得出朱子的思想脈絡。人物之眞正差距，不是在它們的表現上，而是它們所稟受之氣之偏全上。因爲人受理之全（因清氣之故），而物受理之偏（因濁氣之故），所以人性與物性不得不異；因此，人必須要表現理之全才能成爲眞正的人，從而朱子找到實踐道德之必然性。

（3）人物之異同

朱子言「理同氣異」亦言「氣同理異」。從此可知，人物之間，它們之理有異同，它們之氣亦有異同。在此筆者企圖整理並釐清人物之理氣異同的問題。

從朱子「論萬物之一源，則理同而氣異；觀萬物之異體，則氣猶相近而理絕不同也」〔註143〕一言，可以看出人物存在之理是一樣的，即凡有形有體必有爲其形體存在之理。但在天稟賦人物之生命時，由正氣生人之形體，而由偏氣生物之形體；所以人所能表現出來的理則無限（理之全），而物所能表現出來的理則有限（理之偏）。因此，雖人物存在之理是一樣，然人之爲人而存在與物之爲物而存在不得不異，從而分別人性和物性。並且，人與人之間有清濁厚薄之分，而物與物之間亦有清濁厚薄之分。清濁厚薄皆屬氣，而人中不得不出現濁薄之氣（愚、不肖），物中不得不出現清厚之氣（螞蟻之義、虎狼之仁等）。故朱子觀察人物之異體時，發現「氣猶相近」。

大而言之，人物存在之理是一樣的，但因氣之偏差，所以人物之能力（自克自制）有所不同。細而言之，人性（人之爲人）和物性（物之爲物）是絕對不同，但人中有清濁厚薄之氣，物中亦有清濁厚薄之氣，所以可謂是有同樣之氣。在天（本原上），理同氣異；在地（稟受上），氣同理異。關於這一點，朱子說：

清濁偏正等說，乃本《正蒙》中語，而呂博士《中庸詳說》又推明

〔註142〕《朱子文集》卷六一，答嚴時亨。
〔註143〕《朱子文集》卷四六，答黃商伯。

－113－

之，然亦只是將人物賢智愚不肖相對而分言之，即須如此。若大概
而論，則人清而物濁，人正而物偏。又細別之，則智乃清之清，賢
乃正之正，愚乃清之濁，不肖乃正之偏，而橫渠所謂物有近人之性
者，又濁之清、偏之正也。〔註144〕

對理而言，有普遍存在之理，亦有「人之為人而存在」和「物之為物而存在」
之理。對氣而言，先有「人有清、正，物有濁、偏」之兩種，這是對人物有
否自制能力而言；後有「人有清清、正正、清濁、正偏，物有濁濁、濁清、
偏偏、偏正」之八種，這是對人物之形體中各自有清正濁偏之差而言。若以
圖示之，如下：

〈人物理氣異同圖表〉

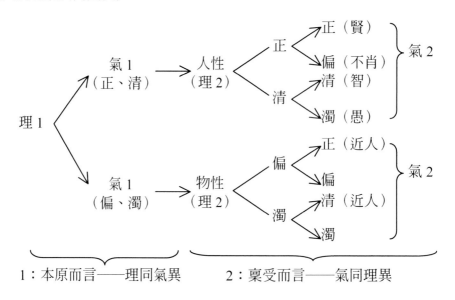

1：本原而言──理同氣異　　　　2：稟受而言──氣同理異

　　對人物之來源（本原）而言，人物存在之理是同樣的，故能說「人物同
理、萬物一源」。但氣有全偏之分；稟受氣之正、氣之清則人生，稟受氣之偏、
氣之濁則物生。對人物之稟受而言，因受到氣之正清，故人性具有理之全，
而因受到氣之偏濁，故物性只具有理之偏。從而人性和物性自有分別，故能
說人「自貴於物，不能混雜」。然則，人中就有正偏清濁之氣，物中亦有正偏
清濁之氣，所以觀察人物之形體知覺時，我們可以看得出人氣和物氣「相近
之處」。

〔註144〕《朱子文集》卷六二，答李晦叔七。

　　人往往只看人物之共同點，說人也是動物，萬物之一部分（這是對理 1 而言），又說人和動物一樣有知覺、感情、「好生惡死，趨利避害」之本能，而問爲什麼只有人必須克己爲仁，爲善去惡？人之道德行爲有沒有必然的需要？人之道德感是不是多餘的？於此他們沒有意識到的是，人與動物之區別，已在其來源上定下來的。只有人能夠顯現仁義禮智之全體，是因爲只有人稟受氣之正。由氣之正而有仁義禮智之性，故爲善去惡之行爲，只是順人自己的性而已，而不是特別的、多餘的、強迫的行爲。順性〔註 145〕則人可以和平地生存下去，違背性則只會互相爭鬥，自殘自滅〔註 146〕。

〔註 145〕順性就是在上面的圖表中，「正正」、「清清」而言。換言之，以正之氣（心）表現出來正之理（性），以清之氣（心）表現出來清之理（性）。

〔註 146〕動物則不然。只要靠合作之義，螞蟻可以一代一代地生存下去。只要靠母愛之仁，虎狼亦可以一代一代地生存下去。即使它們表現出來禮、智、信等其他項目，這對它們來說是多餘的，與它們之爲動物而生存無大關係。但對人來說，仁義禮智信中每一個項目都不是多餘的；缺乏一項則有過或不及之偏，而若有所偏差，人則不能呈現自身之理（人之所以成爲人而不成爲其他），故不能成爲眞正的人。因爲在前一節已經敘述了這一點，所以本文不再贅述。

第四章　朱子的工夫論

　　中國倫理學的宗旨注重實踐，其用心非落在理論或思辨上。繼承孔孟義理之儒家系統，因其架構是即主觀即客觀、心性理通而爲一的，故不必另外提出一套工夫論。在此系統裡，心之道德感受、就是實踐的、創生的、自發的、自律自主的，而心之良知良能乃是實踐的標準、工夫之原則；從而不需談心如何認知性、如何要去操縱情等的方針及規則。

　　然朱子的倫理體系裡，心性情分而爲三，而理氣分而爲二；由此主客對立，內外分離。詳言之，外在客觀的性〔註1〕（理）是被動的，只要等待內在主觀的心（氣）主動地認知它、肯定它、攝取它之後，將之轉成爲內心之德。朱子的心性論已說明心認知地攝取性是如何可能，而理氣論亦說明理如何處於氣之活動中，以打下「理是因氣而顯現」之理論基礎。心性論是對人而言，理氣論是對萬物（包括人）而言。不論心性論或理氣論，它們的終極目標是說明已分離之心性、理氣、內外、主客如何圓滿地合一（不是本一、是一）。於此，主客、內外合一的過程，並不是自發即成、感而即通的，而是一步一步地、慢慢地累積的過程；這是心性論、理氣論之外，另一套學問，即：在朱子的倫理體系裡不可忽略的工夫論。

　　若朱子的心性論和理氣論是說明主客、內外之合一「如何可能」，朱子的工夫論就是說明主客、內外之合一「如何實踐」。然討論朱子的工夫論，則立

〔註1〕或者可能反對「性之外在」說。這裡所謂「性在外」是就外在於實踐道德主觀（心）而言。雖然朱子的性是「具在」吾心裡而不在外，但如前已示，「心具理」其實只是「當具」而不是眞正內在、渾然一體之「本具」。並且，心需要通過格物窮理之方式來認知它，這是向外之認知活動，不是反省之體悟。

刻面臨一個起步的問題。換言之，朱子的工夫論包括許多實踐方法，如涵養、察識、格物、致知、力行、讀書、居敬、持守等，在這麼多的實踐方針中，我們如何找出其中的脈絡？即，我們應該從何處開始踐行？我們又該如何從眾多規則中，歸納出要點來？

我們有理由相信，朱子的工夫論可歸類於兩個領域，即以涵養察識（居敬）為主的「向內」工夫和以格物致知為主的「向外」工夫。朱子說：「聖賢千言萬語，只是要知得，守得。」〔註2〕又說：「只有兩件事：理會，踐行。」〔註3〕這兩句話皆出現於《朱子語類》之第九卷〈論知行〉篇裡，所以有些學者認為朱子的種種實踐法可以歸類於「知之工夫」和「行之工夫」。即格物、致知、窮理、讀書、進學、理會皆屬於「知」的領域，而涵養、察識、居敬、力行、踐行皆屬於「行」之領域。〔註4〕大體言之，這種歸類並無大問題。但若要更仔細地表示「知」是什麼樣的「知」，和「行」是什麼樣的「行」，只說「知行」不僅不夠，甚至有誤導的可能性。朱子所謂窮理之「知」，只是針對向外地認知，以擴充內心之知覺而言，而此並包括體悟或省察。而所謂涵養之「行」是對向內地收斂、持守、反省，以主宰心之情感和身之行動而言，不是對表現於外在的行動而言。朱子云：「居敬是箇收斂執持底道理，窮理是箇尋究意底道理。」〔註5〕由此推論，將朱子的工夫論歸類於「向外之認知」和「向內之主宰」，比歸類於「知」和「行」來得恰當。

在本文之第一章裡已述，凡是工夫，應當在「心」上去做。朱子的心之主要功能，乃是認知功能和主宰功能。〔註6〕由此可見，朱子的工夫論落在於「向外地認知」和「向內地主宰」，並不是偶然的。在這一章，我們先討論涵養察識工夫（向內），而後考察朱子的格物致知論（向外）。此後概括地討論「知先行後」、「知輕行重」及「知行互發」之意義。

〔註2〕 《朱子語類》第九卷。

〔註3〕 《朱子語類》第九卷。

〔註4〕 陳來先生在論〈知行問題〉時，有如此的歸類法。參見陳來著，《朱熹哲學研究》（文津出版社，民國79年，280～281頁。）

〔註5〕 《朱子語類》第九卷。

〔註6〕 心之另外的功能，即「具理」和「生生」，是天上之理氣流行於吾身時，已成為如此。這是萬物之結構，而不只是人心獨有之功能。只人可有高度的認知能力，而克己、控制等主宰能力。由此而說，對實踐而言，「認知」和「主宰」比「具理」和「生生」來得重要。

1. 涵養察識——居敬

（1）涵養察識之內容

① 涵養與察識

　　朱子所謂涵養察識，是對心之未發和已發兩種狀態而言。《中庸》有「喜怒哀樂之未發，謂之中；發而皆中節，謂之和」之說，而朱子由「未發」指出「性」，由「已發」指出「情」，由「通貫未發之靜和已發之動」指出「心」。心是認知性、主宰情的主體、統體，故曰「心統性情」。從另一個層次看，心有靜的時候（未發），亦有動的時候（已發）；隨著心的動靜，則有兩種不同的工夫，從此說「靜時涵養」及「動時察識」。朱子云：

> 方其靜也，事物未至，思慮未萌，而一性渾然，道義全具；其所謂中，是乃心之所以為體，寂然不動者也。方其動也，事物交至，思慮萌焉，則七情迭用，各有攸主；其所謂和，是乃心之所以為用，感而遂通者也。〔註7〕

這是以「中、和」來說明心之動靜、體用。所謂「未發之中」是指心之「所以為體」，即心之「當具」寂然不動之性體；所謂「已發之和」是指心之「所以為用」，即由感而遂通之情感可見心之主宰。「未發」是對「事物未至」、「思慮未萌」時，心之安靜、虛明的狀態而言；「已發」是對「事物交至」、「思慮萌發」時，心之發動、主宰七情的狀態而言。朱子又說：

> 按文集遺書諸說，似皆以思慮未萌，事物未至之時，為喜怒哀樂之未發，當此之時，即是此心寂然不動之體。而天命之性，當體具焉。以其無過不及，不偏不倚，故謂之中。及其感而遂通天下之故，則喜怒哀樂之情發焉，而心之用可見。以其無不中節，無所乖戾，故謂和。此則人心之正，而情性之德然也。然未發之前不可尋覓，已發之後不容安排。但平日莊敬涵養之功至，而無人欲之私以亂之，則其未發也，鏡明水止，而其發也，無不中節矣。此事日用本領工夫。……闕卻平日涵養一段工夫，使人胸中擾擾，無渾潛純一之味。而其發之言語事為之間，亦常急迫浮露，無復雍容深厚之風。蓋所

〔註7〕《朱子文集》卷三二，答張欽夫。依蔡仁厚先生之考究（參見〈朱子的工夫論〉在《國際朱子學會論文集》，中央研究院，民國82年，588頁），此書是朱子參究中和問題最後之定論，可採用牟宗三先生之意，名為「中和新說書」。

　　　　見一差，其害乃至於此，不可以不審也。〔註8〕
事物未至、思慮未萌時，心應該致力於存養「無過不及」、「不偏不倚」之性
之全體。而事物交至、思慮萌發時，心應該致力於觀察所發出來的情是否「無
不中節」、「無所乖戾」。前者是心之涵養工夫，後者是心之察識工夫。

　　所謂「涵養」，朱子往往以「存養」、「收斂」、「修養」等詞來表示同樣的
意思。這是使心之清明如鏡之明，安靜如水之止，以保持性之本體渾潛純一。
只要這樣，微妙之理之全體不被私念、偏見所雜亂，保持無過不及之中庸。

　　所謂「察識」，是指省察隨著事情之交至而萌現的思慮。朱子又以「審
察」、「省察」、「內省」、「反省」及「反求」等詞表示此意。人之思慮和感情
是動的，或多或少與不偏不倚的、寂然不動的理之本體有所距離。與理背道
而馳，或離開善的本體，便代表流於偏差、流於過不及之危險。在思慮萌發，
感情散發的時刻，心應當致力於反求，所發出來的思念和情感是否合乎內心
所存養之理。換言之，心以所具有之理爲準則，要反省它的情感是否急迫，
它的思慮是否浮薄、膚淺；若有所乖戾之處，則應當尋求回復雍容、深厚之
風度。

　　涵養察識雖是一心之本領工夫，但卻不能將它們混爲一談。朱子說「未
發之前不可尋覓，已發之後不容安排」，以述「靜時」的工夫和「動時」的工
夫各有不同的方法。涵養時，不能尋求內心之性體。「尋覓」本身意謂心之動，
思慮之萌；心越尋求越遠離它所具有之性體，故更容易流於偏差。朱子批評
學者之「求中」而說：

　　　　其病根正在欲於未發之前，求見夫所謂中者而執之，是以屢言之而
　　　　病愈甚。殊不知經文所謂致中和者，亦曰當其未發，此心至虛，如
　　　　鏡之明，如水之止，則當敬以存之，而不使其稍有偏倚。至於事物
　　　　之來，此心發見，喜怒哀樂，各有攸當，則又當敬以察之，而不使
　　　　其小有差忒而已。**一有求之之心，則是便爲已發。況又從而執之，**
　　　　則其爲偏倚亦甚矣。〔註9〕
在朱子看來，心該求的對象不是「中」（性），而是「和」（情）。思慮未萌之
「未發之前」心已是「在中」；若發動別有一心而求「中體」，這是如一邊游
水一邊求水之止，越求越造波浪。

────────────

〔註8〕《朱子文集》卷六四。
〔註9〕《朱子語類》第六二卷。

　　反求之對象只是已發之情，使之合度中節。我們卻不可說情感是已經發出來的，所以人對此情是無能爲力。朱子說：「至於謹獨，是或恐私意有萌處，又加緊切。若謂已發了更不須省察，則亦不可。如曾子三省，亦是已發後省察。」〔註10〕。但又同時，因爲情感、思慮是已經發出來的，嫌它之發用也無用，應該省察既發之情是否歸於它應當收歸之處。譬如，有事發生而感到憤怒之情時，欲重新安排爲此憤怒之情根本不出現是沒有用的。此時應該反省的只是：吾心之憤怒是不是憤怒在應該憤怒的事情上，而所表露出來的言語、臉色、動作等是不是過於急迫、兇惡或暴力。喜怒哀樂愛惡欲之七情本身不是惡的，而朱子從未贊成「滅情」之說；不單不可能完全消滅人之情感，亦無此必要。但因爲七情是屬動態的氣，它們就有離於中庸之理而流於過與不及之偏之可能。所以通過察識之工夫，使七情發出在它們應當發出來的事情上，並保持雍容深厚之態度。

　　雖涵養和察識是兩種工夫，可是它們是相輔相成的一項工夫，一個都不能欠缺。朱子曰：

> 蓋發處固當察識，但人自有未發時，此處便合存養；豈可必待發而後察，察而後存耶？且從初不曾存養，便欲隨事察識，竊恐浩浩茫茫，無下手處。〔註11〕

如果人從未存養心知之明，以顯發微妙之理，當他隨事反省感情、表裡、言語、動作等時，則無標準可依，浩浩茫茫。朱子又曰：

> 未發已發，只是一項工夫。未發固要存養，已發亦要審察。遇事時，時復提起，不可自怠，生放過底心。無時不存養，無事不省察。〔註12〕

> 已發未發，不必太泥。只是既涵養，又省察。無時不涵養省察。若戒懼不睹不聞，便是通貫動靜，只此便是工夫。〔註13〕

無事時應該不斷地涵養內心之理，有事到時又應該反過來察識所發出來的情感是否合道如理。朱子說「通貫動靜」本領工夫便在戒愼恐懼，收斂而反求。這乃是所謂向內之「居敬」工夫，與向外地求知見聞知識區別開來，故曰「不睹不聞」。

〔註10〕《朱子語類》第六二卷。
〔註11〕《朱子文集》卷三二，答張欽夫。
〔註12〕《朱子語類》第六二卷。
〔註13〕《朱子語類》第六二卷。

② 敬貫動靜

朱子說:「未發之前,是敬也,固已立乎存養之實;已發之際,是敬也,又常行於省察之間。」〔註14〕靜時涵養敬心,保存如「鏡明水止」之心,以保養它所具有之微妙之實理,此即所謂「立乎存養之實」。動時察識情變,以敬畏之態度來反省自身之感情言默,此即所謂「常行於省察之間」。總括地講,「敬」是通貫動靜、實行於已發未發之間的內心修養工夫。此是對人經過涵養及察識過程裡,應有之謹慎態度而言。朱子曰:

> 敬有甚物?只如「畏」字相似。不是塊然兀坐,耳無聞,目無見,全
> 不省事之謂。只收斂身心,整齊純一,不恁地放縱,便是敬。〔註15〕

所謂「敬」是指內心的敬畏態度。朱子說「居敬」或「持敬」,而並不說「求敬」,則表示「敬」是與心渾然一體,不是別有一心去尋求敬之狀態。朱子批評「求靜」亦是在一樣的脈絡上;當時學者為了求靜,往往閉門避事,靜坐而求靜,但在朱子看來,此只是玩弄靜態之光景,而認同避世、離俗之釋老傳統之徒。朱子故曰「居敬」不是塊然兀坐,閉塞耳目之工夫。這是收拾心情而整齊身行,操守身心而使之無有放縱、怠慢之處。

所謂「居敬」對心而言,是「主一」、「主靜」、「主敬」、「持敬」、「持守」、「操守」及「操存」之意。心是身體之主宰,故心之操縱自然是身體之操縱。對身而言,「居敬」不僅有消極的收斂、戒慎之意義,亦有「力行」、「踐行」、「躬行」、「踐履」等積極的意義。換言之,人力行於實踐道德時,不能放縱其身,而要隨時省察自身之動靜言默,保持溫和、雍容、篤實之整體,如此才能做到《中庸》所云之「篤行」。

(2) 居敬之方法

以上敘述涵養察識工夫,並概括地說明居敬之「通貫動靜」,即「立乎存養之實,亦行於行察之間」之內容。在此比較具體地說明朱子所謂「居敬」工夫之實踐法。

① 提撕心之光明惺覺

心是一身之主宰,但心亦是動的事物,本屬於氣;氣自然有通塞、清濁、

〔註14〕《朱子文集》卷三二,答張欽夫。
〔註15〕《朱子語類》第十二卷。

昏明、厚薄之分，而吾心中亦有同樣之區分。只要能夠保持此心之覺醒，即存養此心之通、明、清、厚之一面，而防止被塞、昏、濁、薄之氣所蓋住，然後才能談到涵養、窮理之工夫。故朱子謂：

> 人之爲學，千頭萬緒，豈可無本領？此程先生所以有持敬之語，只是提撕此心，教它光明，則於事無不見。久之，自然剛健有力。〔註16〕

又謂：

> 此心常要惺覺，莫令傾刻悠悠憒憒。……若此心常在軀殼中爲主，便須常如烈火在身，有不可犯之色。事物之來，便成兩畔去，又何至如是纏繞？〔註17〕

居敬是內心之本領工夫，而千頭萬緒之學習皆由此心之覺醒開始。心要時時提撕，使之光明，才能覺醒燭明，如不加提醒，就易流於昏困〔註18〕。心是軀殼之主，不能使之悠悠忽忽、憒憒昏亂。因爲朱子的一切工夫，皆從此心之明出發，若此心不明混亂，工夫便無下手處。故朱子曰：「心若昏昧，燭理不明，雖強把捉，豈得爲敬？」〔註19〕而且，由於心的覺醒燭明，能夠洞察事情的是非善惡，是者是，非者非，好善惡惡，使成兩畔去，又有何事能犯此心？更何纏繞可言？久而久之，心剛健有力，人欲自然來不得，天理也自能常存〔註20〕。

　　至於如何使心時時提撕，朱子提出「常惺惺法」。所謂「惺惺」原是禪宗修持方法，後來得到朱子的認可〔註21〕。這就是喚醒吾心，靜時不昏昧，動時不搖亂之方法。朱子說：「敬只是常惺惺法。所謂靜中箇覺處，只是常惺惺在這裏。靜不睡著了。」〔註22〕換句話說，一個人應該時時喚醒此心，使此心在日用間能夠照管許多道理，隨事檢點，念念省察。那麼人心就能炯炯不昧，生動靈活。

〔註16〕《朱子語類》第十二卷。

〔註17〕《朱子語類》第十三卷。

〔註18〕《朱子語類》第一一八卷云：「不時時提撕著，亦易以昏困。」

〔註19〕《朱子語類》第十七卷。

〔註20〕《朱子語類》第十七卷云：「聖賢千言萬語，只是教人明天理滅人欲……人性本明，如寶珠沉溷水中，明不可見，去了溷水，依舊自明。自家若知是人欲蔽了，便是明處……常常存個敬在這裏，則人欲自然來不得。」

〔註21〕參見《朱子文集》卷四五，答游誠之。

〔註22〕《朱子語類》第六二卷。

② 保持心之安寧平定

「敬」之一字，雖然早存於儒家的思想觀念中，但理學家得「主敬」工夫，實自周濂溪的「主靜」之說脫胎而出。只因恐人耽於虛靜，厭棄事物，差入老釋之途，二程（伊川）才將「靜」轉成「敬」。事實上，無論主靜或主敬，其目的都在收斂身心，使心有頓放處，以免除思慮紛擾之患，因而都不能不重視靜的作用，以保持心氣的安寧平定。〔註23〕

依朱子，人心必須收斂專一，有個安頓處；只要如此，則面臨事物時有力氣主宰，觀察理時平定地燭明。〔註24〕反之，若不能保持心氣之安寧平定，以致精神不定，心向外馳，不僅會因而造成思慮的散亂，及至臨事，無力氣應付。朱子說：「心於未遇事時，須是靜，及至臨事方用，便有氣力。如當靜時不靜，及至臨事，以先倦了。」〔註25〕至於如何能夠保持心氣之安定，朱子提出「靜坐法」。他說：

> 始學工夫，須是靜坐。靜坐則本原定，雖不免逐物，及收歸來，也有個安頓處。譬如人居家熟了，便是外出，到家便安，如茫茫在外，不曾下工夫，便要收斂向裏面，也無個著落處。〔註26〕

又說：

> 須是靜坐，方能收斂，但當於安靜深固中涵養出來。〔註27〕

朱子認為，初學者難免心粗氣浮，思慮散亂，透過靜坐的方法，可以安定本原，即使人心寧氣定。此恰如外出者回到家，有個熟習的安頓處；若只向外奔馳，無所歸宿，他的身心無法安寧地落實，無法除去茫茫虛無之感。

朱子相信，靜坐能使人收拾浮動之心，莫令走作。使人在安靜深固中，去除雜亂的思慮，而將心氣安定下來。從而，不管有事無事，此心都常在，此心都能保持自然閑定，達到動亦定、靜亦定的境界。〔註28〕

〔註23〕關於詳細內容參見周天令著，《朱子道德哲學研究》（文津出版社，民國88年，245～247頁）。
〔註24〕《朱子語類》第十四卷云：「人心惟定則明。」第十一卷又云：「靜則心虛，道理易看得出。」
〔註25〕《朱子語類》第十二卷。
〔註26〕《朱子語類》第十二卷。
〔註27〕《朱子語類》第十二卷。
〔註28〕《朱子語類》第一一五卷云：「只要此心常在，所謂動亦定，靜亦定也。……若見得道理分曉，自然無閒雜思慮。問：程子常教人靜坐，如何？曰：亦是他見人多慮，且教人收拾此心耳，初學亦常如此。」

③ 專心主一於事上

朱子雖認同靜坐是安定心氣之有效方法，但他並不贊成這是學者追求之目的。靜坐是一個達到平定心情，使它能夠更明確地觀察、應對事物方法而已，不是為了避世嫌俗，嚮往隱居生活而設。朱子強調居敬工夫不是死的靜修：

> 人在世間，未有無事時節，要無事，除是死也。自早至暮，有許多事，不成說事多擾亂，我且去靜坐，敬不是如此。若事至前，而自家卻要主靜，頑然不應，便是心都死了。**無事時，敬在裏面；有事時，敬在事上。有事無事，吾之敬未嘗間斷也。**〔註29〕

無特別的事情，可以用靜坐法來安定心氣；有事面臨，則應該以敬畏、專心之態度去應對它，不能頑強避而求靜。朱子又說：

> 無事時固靜，有事時，敬便在事上。程子說，學問到專一時方好。
> 蓋專一則有事無事，皆是如此。〔註30〕

人是活的，人心亦是活物；要使此心常存，不能終日偏靠靜坐，只守個槁木死灰。只要是活人，活在世間，便不能沒事，也不能沒有煩擾。去除煩擾之方，就是集中心志在事物上，而不是封閉自己，逃避現實。而面對事情時，不能輕舉妄動，放馳亂想，必須保持緊張清醒之頭腦，專一集中地應對。

對伊川「主一之謂敬，無適之謂一」〔註31〕說，朱熹解釋云：「主一之謂敬，只是心專一，不以他念亂之，每遇事與至誠專一做去，即是主一之義。」〔註32〕又云：「主一只是專一」，「理會一事時只理會一事，了此一件又作一件，此主一之義。」〔註33〕由此可知，專一面對事情，就內心方面而言，需要至誠、敬畏之態度，而就向外求知方面而言，則要採取一步一步地完成每件事之方法。這就是居敬工夫中，所謂「專一主一於事上」之內容。

④ 注重心身之整齊嚴肅

以上探討的「常惺惺法」、「靜坐法」及「主一法」，主要是針對心而言。但居敬工夫，不僅要考慮內心的因素，亦要觀察言、聽、視、動之外面的因素。朱子說：

〔註29〕《朱子語類》第十二卷。
〔註30〕《朱子語類》第一一八卷。
〔註31〕《遺書》卷十五。
〔註32〕《朱子語類》第九六卷。
〔註33〕兩句皆出於《朱子語類》第六九卷。

> 持敬之說，不必多言，但熟味「整齊嚴肅」、「嚴威儼恪」、「動容貌，
> 正思慮」、「正衣冠，尊瞻視」此等數語，而實加工焉。則所謂直內，
> 所謂主一自然不費安排，而身心肅然，表裏如一矣。〔註34〕

朱子相信，若人能夠使他的言、聽、視、動皆合於禮，內心的整齊肅然則不
費力氣。他說：「人能制其外，則可以養其中」〔註35〕。當然朱子之意思不是
說只要外在整齊嚴肅，裡面則可放肆。他談到儀容外表，其目的在於達到「身
心肅然、表裏如一」之調和。朱子批判當時學者往往認為只要內心純一，容
貌言詞則不用加工。朱子說：

> 近世學者之病，只是合下欠卻持敬工夫，所以事事滅裂。其言敬者，
> 又只說能存此心，自然中理，至於容貌詞氣，往往全不加工。設使
> 其能如此存得，亦與釋老何異？……程子言敬，**必以整齊嚴肅，正
> 衣冠，尊瞻視為先**。又言未有箕踞而心不慢者，如此乃是至論。而
> 先聖說克己復禮，尋常講說，於禮字每不快意，必訓作理字然後已。
> 今乃知其精微縝密，非常情所及耳。〔註36〕

當時之毛病有二：一是欠缺持敬工夫，缺乏謹慎的態度去面對事情，故已完之
事就滅裂，未完之事就不成；二是雖言持敬工夫，但只注重存心養性，對容貌
詞氣全不加工，以致造成放肆戲慢、蕩然無守。世俗之禮儀不是針對只有一個
人，而是為了人人接觸時，以克己來達成共同的和諧。若完全不管自己的言詞、
動作，縱使不出於內心所願，容易召來傷害別人之後果。若人活在人世上，而
不是隱居在深谷中，自身之外表不得不管，世俗之禮儀也不得不察。

　　朱子說先要使自己的容貌詞氣整齊嚴肅，不是說外表最為重要，而只是
強調克己復禮之重要。而且外觀之整齊嚴肅不是為了顯耀自己的權威，而是
為了言語容貌之溫和和雍容。以整齊自身之外表，常常提醒自己是活在世間
裡，與人相處，遵守禮俗雖費心事，但若連這種小事都不能宰制，內心之戒
慎恐懼、存心養性之大事，更難於達成。

（3）居敬之目的

　　以上探討了居敬之四種方法，即「常惺惺法」、「靜坐法」、「主一法」及

〔註34〕《朱子語類》第十二卷。
〔註35〕《朱子語類》第一一六卷。
〔註36〕《朱子文集》卷四三，答林擇之。

「整齊外表法」。每個方法各有各的目的，即，爲了清明心之知覺，安定心氣，專一地應接事物，以及身心之表裡如一等。在此總括地敘述居敬之整體目標。

居敬之目的有二：一是「立本」以養成應接事物的本領，二是「收斂」以將向外求得的知識轉成爲內心之德。所謂「立本」是，從《論語》〈學而第一篇〉「君子務本，本立而道生」之說出發，成爲儒家思想中極爲重要的概念。朱子說：「大本若立，外面應接事物上道理，都是大本上發出。」〔註37〕順此，在朱子的倫理體系裡，所謂的「大本」是指外面應接事物之內在本領。關於建立而養成內心之「本領」朱子說：

> 使心不昧，則是做工夫底本領。本領既立，自然下學而上達矣。

〔註38〕

> 今人既無本領，只去理會許多閑泊董，百方措置思索，反以害心。

〔註39〕

如前所述，涵養工夫是使心清明不昧，無所雜念之工夫。「常惺惺法」及「靜坐法」都是爲了養成應接事物本領。理學家往往說「根器」〔註40〕，其中之意可謂是：理會許多道理的同時，能夠歸納出所學習的宗旨之本領。若無本領而頑強去理會許多事物之道理，只會被千言萬語有所迷惑，不得一中。此不如不去體會，因爲越遠離內心之純粹善體（性體），越有著被物誘惑，違善作惡之可能。如是，反而會害心、背理。

建立本領一如爲走千里路，而準備三個月的食糧；雖足夠的食糧不能擔保千里路程之成功，但這畢竟是必備的條件。靜時要靜，休息時要徹底地休息，而後動時才能更靈活，工作時才能有力達成目標。

除了「立本」之外，居敬工夫還有「收斂」之意義。居敬是向內之工夫，但必須與格物工夫（向外地求知）並行。在朱子的系統裡，沒有格物工夫，則人不能擴充知識，沒有進展。朱子說：「操存涵養，則不可不緊；進學致知，則不可不寬。」〔註41〕人向外尋求知識後，亦要歸來操存涵養他所得知的道

〔註37〕《朱子語類》第一一四卷。

〔註38〕《朱子文集》卷四十，答何叔京。

〔註39〕《朱子語類》第六二卷。

〔註40〕所謂「根氣」，是指「根性、器量」，亦可稱爲「器菊」、「器識」、「器度」或「氣度」。

〔註41〕《朱子語類》第九卷。

理。上述之「靜坐法」及「主一法」，亦有提供給心所理會的寬闊的道理有所歸宿、安頓的功能。現代的教育往往有個毛病，即要求學生學習許多內容，而忽略他們是否眞正理解此內容之含意，及內容和內容之間的關連所在。所以學生能夠背出很多文字知識，但卻不能自由自在地運用於現實生活，而其內心對此知識的感受也是空空如也。這也許是欠缺本領工夫之緣故，但更可能是欠缺收斂工夫之緣故。

這一節，我們探究朱子所謂的涵養察識工夫，並討論貫通動靜之居敬工夫。如果說居敬工夫是向內之主宰工夫，那麼朱子的「求內外合一」之系統裡，則不可能沒有對應的工夫。這就是向外的認知工夫，即朱子藉著《大學》「格物致知」一詞而設的「即物窮理」工夫。

2. 格物致知

朱子非常重視《大學》，所以他編《四書》時，將《大學》放於首位，並視爲學問之綱領。「格物」位在大學八條目之前茅，整個學問總綱之開頭，這對朱子的重要性，可想而知。

朱子重新編《大學》時，作了改字、刪字、補傳等的改動，引起自宋明至現代的爭議。〔註42〕本文對《大學》之古新版之差異及孰對孰錯，擱置不談。這裡所探討的內容只是朱子如何解釋「格物」及「致知」之意涵，以簡略地說明朱子工夫論中「向外地認知」工夫的內容。

（1）格物致知之內容

朱子論《大學章句》時，另作一篇〈格物補傳〉，其原文爲：

所謂致知在格物者，言欲致吾之知，在即物而窮其理也。蓋人心之

〔註42〕朱子對《大學》的改動包括：移動古本之序者三、改字一、刪字四、作補傳一百三十四字；補傳的改動最大，引起的爭議也最多。參見蔡仁厚著，〈大學分章之研究〉（在於《宋明理學‧南宋篇》，學生書局，民國72年，143～184頁）。自宋元以來，有人或想恢復古本（如王陽明），或想重新改定（如顏元反對將格物窮理只在讀書上說，認爲應擴充範圍上溯至周公孔子的六德六藝等），到現在其爭議仍在進行中，如唐君毅先生所著〈大學章句辯證及格物致知思想之發展〉一文（收入《中國哲學原論‧導論篇》）。唐君毅先生在文中對大學的章句另有訂正。徐復觀先生則認爲，大學原義無缺，朱子所作的補傳沒有必要。

　　靈，莫不有知，而天下之物，莫不有理。惟於理有未窮，故其知有
　　不盡也。是以大學始教，必使學者即凡天下之物，莫不因其已知之
　　理而益窮之，以求至乎其極。至於用力之久，而一旦豁然貫通，則
　　眾物之表裡精粗無不到，而吾心之全體大用無不明矣。此謂物格，
　　此謂知之至也。〔註43〕

①「格物」

　　由〈格物補傳〉之第一句話可知，朱子所謂「格物」是以「即物窮理」
四個字概括。對「格物」兩字，朱子有進一步的解釋：

　　格，至也。物，猶事也。窮至事物之理，欲其極處無不到也。〔註44〕

古代的「格」字，除了「至」的意思之外，還有「度」及「量」的意思〔註45〕。
但朱子為何偏偏要「至」來解釋「格」，可能是因為他將「物」解釋為「事」。
換言之，格物是「事物交至」時的工夫，即已發時的工夫。這並不是已發「後」
的工夫，因為已發之後的工夫是反省言語、收斂情感之「察識」工夫。但朱
子主張格物需要「端緒」〔註46〕，而反對空中尋找事物之義理，從而可見格
物仍是已發時候之工夫。

　　朱子所謂「物」是「猶事」。即，不僅包括物體（objects），亦包括非物質
的事情（events）。在朱子的理氣論裡，「物」字往往代替所有形而下之器：有
形有狀、有動靜、有變化之所有「事」與「物」。

　　「窮」是窮究、研究事物之理到極處，即達到「豁然貫通」之境界為止
的意思。至於「豁然貫通」，這是指格物工夫「用力之久」之後，「眾物之表
裡精粗無不到，而吾心之全體大用無不明」的境界。我們討論〈格物之方法〉
時，再仔細地討論之。

　　對「理」，朱子解釋說：「天下之物必各有所以然之故，與其所當然之則，
所謂理也。」〔註47〕從萬物之存在，我們可以推知每物應有他所以存在之理。
從事物之交至，我們亦可以推知每事所發生的當然之則。

〔註43〕　《大學章句》，〈格物補傳〉。
〔註44〕　《大學章句》，〈釋經一章〉。
〔註45〕　朱門後學中有車若水者曾指出此意。參見《宋元學案》六十六，《南湖學案》。
　　　　　陳來先生及張岱年先生認為「量」和「度」之義比較接近格物之「格」的本
　　　　　意。參見陳來著，《朱熹哲學研究》（文津出版社，民國79年，244～245頁）。
〔註46〕　關於「端緒」，後來討論〈格物之方法〉時會比較詳細地討論。
〔註47〕　《朱子語類》第一卷。

　　歸總而言，「格物」是指事物交至，思慮萌時，向外地追求面前事物之理.
即：求知對「此事爲什麼發生？」、「此物爲什麼存在？」等問題之答案。
朱子說：

> 聖人只說格物二字，便是要人就事物上理會。且有一念之微，以至
> 事事物物，若靜若動，凡居處飲食言語，無不是事，無不各有箇天
> 理人欲。〔註48〕

依朱子，聖人說「格物」二字，而不直接說「窮理」是有理由的。此是要人
在事物上理會。人之日常生活中，不論多麼平凡、微小的事情如居處、飲食、
言語，皆有天理人欲之分。凡是事物，則在是非、善惡、好壞、對錯兩個對
立之狀態，而因爲它們皆有動有靜，有具體的表現，人較容易找出思慮之端
緒，由此進入研究。朱子又說：

> 格物，不說窮理，卻言格物。蓋言理，則無可捉摸，物有時而離；
> 言物，則理自由，自是離不得。〔註49〕

> 大學所以說格物，卻不說窮理，概說窮理則似懸空無捉摸處，只說
> 格物，則只就那形而下之器上便尋那形而上之道，便見得這個元不
> 相離。〔註50〕

> 夫格物者，窮理之謂也。蓋有是物必有是理，然理無形而難知，物
> 有跡而易睹，故因是物以求之，使是理瞭然心目之間而無毫髮之差，
> 則應乎事者自無毫髮之繆。〔註51〕

按照朱子的說法，聖人之所以不言窮理，是恐人在懸空捉摸空理，而導致探
究道家所謂的「玄理」及佛家所謂的「空理」。儒家所追尋的理就是踏實現實
生活的「性理」，朱子所提出的方法，就是從比較具體的「物理」和「事理」
開始，漸漸理會到更高層次的「性理」。尤其對初學者而言，理無形難知，而
物有跡易睹；就在形而下之器上，尋求形而上之道，乃是比較正確的方法，
而不會流於老釋之弊端。但累積「物理」和「事理」之知識，是不是能夠引
導對「性理」的體悟，迄今還未得到學者們之認同。

〔註48〕《朱子語類》第一五卷。
〔註49〕《朱子語類》第一五卷。在此所謂「自由」不是指現代所說的自由（freedom），
　　　　而是指「自然在事物裡」或「自然成爲事物之來由」的意思。
〔註50〕《朱子語類》第六二卷。
〔註51〕《朱子文集》十三卷。

②「致知」

〈格物補傳〉有「所謂致知在格物者，言欲致吾之知，在即物而窮其理也。蓋人心之靈莫不有知，而天下之物莫不有理，惟於理有未窮，故其知有不盡也」之說，以表示「致知」是以「窮理」爲基礎。「理窮」則「知盡」，就是「物格而後知至」的意思。換言之，「理窮」和「物格」是對外面工夫之完成而言，而「知盡」和「知至」是對內面知識之達成而言。無論「理窮」、「物格」、「知盡」或「知至」，它們均是對一種完成的狀態而言，不是工夫之進行或過程而言。「格物」和「窮理」才是進學理會之過程，而「致知」就是窮理過程中，內心知識的擴充而言。朱子說：

> 致，推極也；知，猶識也。推極吾之知識，欲其所知無不盡也。
> 〔註52〕

「致」是指「推極」，此不是推極外在的事物之理，而就是推極吾心之知識。如果說「窮理」是積極地努力去窮究外在事物之理，推極只是消極地被窮理之努力所擴大之結果。朱子說：

> 格物只是就一物上窮盡一物之理，致知便只是窮得物理盡後我之知識亦無不盡處，若推此知識而致之也。此其文義只是如此，才認得定，便請以此用功，但能格物則知自至，不是別一事也。〔註53〕

朱子所云「致知」不是「別一事」，是說明格物與致知是如一體之兩面。格物是人致力於窮究事物之理，而當人通曉事物之理後，人的知識也自然就完備徹底了。所以致知純粹是，認識主體在他向外求知事理、物理時，心裡所產生的「自然結果」。朱子比喻說：「夫格物可以致知，猶食而所以爲飽也。」〔註54〕這是說，有食自然就飽，除了「食」之外，無有另外「求飽」之道理。

此乃涵蘊著，除了向外求知事物之理以外，就沒有別的求知方法。涵養察識雖是內心之修養方法，它們只是將已知的知識收斂、使之緊切，轉成爲下一步求知時所用的本領，而不是擴展、充廣、寬闊知識之工夫。《朱子語類》又云：

> 問：致知是欲於事理無所不知，格物是格其所以然之故，此意通否？
> 曰：不須如此說，只是推極我所知，須要就那事物上理會。致知是

〔註52〕《大學章句》。
〔註53〕《朱子文集》卷五一，答黃子耕五。
〔註54〕《朱子文集》卷四四，答江德功二。

> 自我而言，格物是就物而言，若不格物，何緣得知？而今人也有推
> 極其知者，卻只泛泛然竭其心思，都不就事物上窮究，如此終無所
> 止。義剛曰：只是說所以致知必在格物？曰：正是如此，若是極其
> 所知，去推究那事物，則我方能有所知。〔註55〕

朱子再次強調，致知和格物是一體之兩面。致知是對我而言，格物是對物而
言。擴充知識的方法，就是由內向外，而不是由外向內，因此說格物先於致
知。

不論主動的格物或被動的致知，均是向外的認知工夫。朱子往往格物致
知通而一談，這是指「理會」、「玩索」、「進學」、「思索」、「博觀」等擴充知
識的工夫，與收斂知識的涵養居敬工夫有所對等的（不是互相排斥，而是相
輔相成）工夫。

（2）格物之對象

我們討論格物之具體方法之前，先要簡單地探討格物對象之問題。如前
所述，「格物」是向外地認知事物之理。所謂事物，是指「眼前凡所應接」的。
朱子說：

> 器遠問：致知者，推致事物之理。還當就甚麼樣事推致其理？曰：
> 眼前凡所應接底都是物。事事都有箇極至之理，便要知得到。〔註56〕

格物不僅是窮眼前直接看到的事物之理，而且是通過讀經、看史中所面對的
間接事件及設想的經驗。朱子說：

> 窮理格物，如讀經看史，應接事物，理會箇是皆是格物。只是常教
> 此心存，莫教他閑沒勾當處。〔註57〕

不論讀經看史或應接事物，凡有理會處皆是格物。但「理會」不只是一種（間
接的或直接的）經驗，而是有層次的研究。朱子說：

> 格物，是窮得這事當如此，那事當如彼。如為人君，便當止於仁；
> 為人臣，便當止於敬。又更上一者，便要窮究得為人君，如何要止
> 於仁；為人臣，如何要止於敬，乃是。〔註58〕

在面對「事君」等具體的事情時，窮究的道理有二。初步的是理會事情之「所

〔註55〕《朱子語類》第十五卷。
〔註56〕《朱子語類》第十五卷。
〔註57〕《朱子語類》第十五卷。
〔註58〕《朱子語類》第十五卷。

當然」。即，理會當爲君子，應當以仁對待百姓，而當爲臣子，應當以敬來事其君。進一步的研究則是理會事情之「所以然」。換言之，理會「事情當然應該如此發生」之所以然。這是理會當爲人君爲何要用仁，當爲人臣爲何要敬之更高層次的思索。

由此可見，格物之實義，乃是就在事物之「存在之然」或事情發生之「所當然」上，進而研究其「超越的所以然」。在此意義上，朱子格物的對象，可以包括眼前的事事物物，直接的（事親、事君）或間接的（讀書、看史）經驗事實，甚至設想出來的事件（讀文學，詩詞）。但朱子又說：

> 格物者，如言性，則當推其如何謂之性；如言心，則當推其如何謂之心，只此便是格物。〔註59〕

在此，朱子連將性、心都概括在格物對象之範圍裡。依牟宗三先生，這並不符合朱子所謂格物之本意。〔註60〕朱子將心視爲一種「氣之靈」，所以，如果要視之爲一個「存在之然」，勉強可以推究其所以然之理。但朱子也反對「以心視心」之說，反駁佛教的「觀心說」，故我們在此很難理解朱子爲何將心看成爲能夠格物之對象〔註61〕。這是認識主體把自身之認識功能看成爲所認識之對象；若無二心，此說極難成立。

並且，將性視爲一種事物，一個可以格物的對象，亦是難題。格物是從存在之然推證其超越之所以然，可是「性」即是理本身，已是超越之所以然，不能再度推證「理之理」或「所以然之所以然」。若將「性」看成爲一種物而推究其意義，這只是「名目式的定義」（nominal definition，即有名無實的定義），不是「眞實的定義」（real definition）。在這一點上，牟宗三先生之批評是賅備而精當。他批評朱子將「性」視爲格物之對象說：

> 此種推究實不是格物，只是一個名稱之定義，而且只是一種「名目式的定義」，重言式的定義。于此說格物，此只是**格物之虛層義**，只是對于所知之理自身之反省。朱子于此虛實之異不加分別，一律視**爲格物，未見其當**。把仁體、性體、俱視爲存在之然之所以然而由格物之就「存在之然」以推證而平置之，此已是泛認知主義矣，然

〔註59〕《朱子語類》第十五卷。
〔註60〕參見牟宗三著，《心體與性體》第三冊，正中書局，民國79年，第五章：〈中和新說與「仁說」後以大學爲規模〉中第三節：〔論致知格物〕，384～387頁。
〔註61〕心之所以能夠推究心之理，其實與「觀心說」無大關連，因爲以心觀察心之理，並不等同於以心觀察心自身。

此猶是格物之實義，猶是就「存在之然」說，而今復進而說「推究如何謂之性」亦是格物，**混虛實而爲一，此則真成氾濫之泛認知主義矣**。〔註62〕

順著格物的基本意義，即「由內向外」之擴充知識工夫，其對象應限於外在的事物、事情上，不能將內在之心、性、情視爲格物的對象。內在的心、性、情就是向內收斂工夫之對象，即涵養居敬工夫之對象。若要將心、性或情當成爲格物之對象，則是內外不分、虛實混同之「泛認知主義」了。我們討論格物之具體方法時，應該留意這一點。

（3）格物之方法

朱子談格物致知時，便說明格物工夫之具體方法；此乃爲了達成格物窮理之目的，人一定要遵守的一些原則。在此我們簡單地考察五個原則。

① 以已知爲基礎

格物要從「已知」漸漸推廣出去。朱子說：

致知工夫，亦只是且**據所已知者，玩索推廣將去**。具於心者，本無不足也。〔註63〕

今便要從那知處推開去，是因其已知而推之，以至於無所不知也。〔註64〕

但若「格物」是從已知推廣出去的工夫，那麼我們如何獲得成爲基礎的「基本知識」呢？朱子說明，「格物」已是高層次的學問，推理、窮究等之深一層的工夫，不是小學生能夠做到的。故聖人將格物編在《大學》，這是在小學所獲得的知識的基礎上，進一步研究其知識之所以然。《朱子語類》第七卷〈小學〉篇云：

古者初年入小學，只是教之以事，如禮樂射御書數及孝弟忠信之事。自十六七入大學，然後教之以理，如致知、格物及所以爲忠信孝弟者。

古人小學養得小兒子誠敬善端發見了。然而大學等事，小兒子不會

〔註62〕同上，385～386頁。

〔註63〕《朱子語類》第十五卷。

〔註64〕《朱子語類》第十六卷。

　　　　推將去，所以又入大學教之。

　　　　小學是直理會那事；大學是窮究那理，因甚恁地。

　　　　小學者，學其事；大學者，學其小學所學之事之所以。

由此可知，大學之格物工夫是在小學所得知的知識的基礎上發展的。在小學，學習事物之曲直，禮樂射御之方法，孝弟忠信之必要。這是學習事物之「實然」和（道德）事情之「當然」。朱子又說：「**小學**是事，如事君，事父，事兄，處友等事，**只是教他依此規矩做去**。大學發明此事之理。」〔註65〕

　　　在第一章裡，我們討論關於西方倫理學對「規矩」的質疑。不論中國的儒家或西方的德行倫理學，它們的重點在於內心動機為何，不在於外在的行為是否符合社會的法律、規矩。反對者質疑：「我們要成為什麼樣的人」是從「我們應該怎麼做」開始，而我們應該怎麼做，就必須涉及規矩。由此，除了遵守規矩之外，再強調內心之德行，是不是有點多餘？且事實上，「要成為什麼樣的人」的理想，須是經由實踐道德規矩而來的，換言之，要透過道德規則，才能養成從事道德行為的習慣。所以，以道德規則為主的倫理學，亦可以達成同樣的效果。

　　　對這種批評，在朱子的工夫論裡，我們可以找出簡單的回答。遵守規矩是方法，不是目的。而且，遵守規矩雖是工夫之條件，它並不是工夫之全部。規矩只不過是工夫方法之一部份而已。在朱子的涵養居敬工夫裡，涉及遵守規矩的部分應該是在「整齊言詞容貌」的部分。這只是為了達成與人和諧、表裡如一之目的，並不是為己而容。且若只整齊外觀而不注意內心之清明、安定、及專一，涵養居敬工夫則會流於膚淺的玩意，不能成為真正的內心修養工夫。

　　　在朱子的格物工夫中，「遵守規矩」也只佔一部份而已。小學生不容易理會事物之所以然，需要依賴一些已設定的規矩去做。透過規矩，它們才能體會事物之實然和事情之當然，而在此基礎上才能去理會此事物之所以然。正如剛學鋼琴者需要老師的指導，熟習了樂譜和技巧之後，才能自由地演奏，自己去作曲。朱子批判當時學者只忙著學習事情之曲直而說：「古人自入小學時，已自知許多事了；至入大學時，只要做此工夫。今人全未曾知此。古人只去心上理會，至去治天下，皆自心中流出。今人只去事上理會。」〔註66〕如果今人連成為格物工夫之基礎的「基本知識」也沒有的話，則他們只是停

〔註65〕《朱子語類》第七卷。
〔註66〕《朱子語類》第七卷。

在古人小學的水準。格物是大學的工夫，須在小學時所得知的知識上發展。

② 從近到遠、從具體到抽象

格物之第二個原則，是從明確、具體、接近的事物開始，窮究到微妙、抽象、遠離的事物之理。如前已述，在朱子看來，聖人說「格物」而不說「窮理」，是爲了指導人們從具體易睹的事物上，逐漸理會到抽象難知的理。〔註67〕朱子說：

> 且如草木禽獸，雖是至微至賤，亦皆有理。如所謂仲夏斬陽木，仲冬斬陰木，自家知得這箇道理，處之而得其當，便是。且如鳥獸之情，莫不好生而惡殺，自家知得恁地，便須見其生不忍見其死，聞其聲不忍食其肉，方是。要之，今且**自近以及遠，由粗以至精**。〔註68〕

格物要從近到遠、由粗至精，這裡所謂「近」有何意思？這是否代表身體上之「近距離」？還是時間上之「近代」、「近時」？關於這一點，朱子並無明確的規定。大概言之，「自近」是「切己」的意思。朱子說：

> 格物須是**從切己處理會去**。待自家者以定疊，然後漸漸推去，這便是格物。〔註69〕

> 若只泛窮天下萬物之理，不務切己，即是遺書所謂游騎無所歸矣。〔註70〕

在此所謂「切己」，是指自己感到親切之事情。此可能是接近身體之事物，或者是感興趣的歷史事件，喚起注意之文件，又可能是自己應當要去做的任務。格物應是從切己之事情理會去，慢慢擴充其範圍，才能通達天下萬物之道理，實現「治國」、「平天下」之大事。

③ 格物要周到

格物之第三個原則，乃是必須周到，不能有偏差、漏處。《語類》云：

〔註67〕《朱子語類》第六二卷云：「夫格物者，窮理之謂也。蓋有是物必有是理，然理無形而難知，物有跡而易睹，故因是物以求之，使是理瞭然心目之間而無毫髮之差，則應乎事者自無毫髮之繆。」

〔註68〕《朱子語類》第十六卷。

〔註69〕《朱子語類》第十五卷。

〔註70〕《朱子語類》第十八卷。

居甫問：格物工夫，覺見不周給。曰：須是四方八面去格。〔註71〕

格物要四方八面都周到，不能有偏差。但這並不意謂一開始就要全面地觀察，或同時理會許多道理。格物要一步一步地做，漸漸發展到寬廣的範圍。

或問：格物是學者始入道處，當如何著力？曰：遇事接物之間，各須一一去理會始得。不成是精底去理會，粗底又放過了；大抵去理會，小底又不問了。如此，終是有欠闕。〔註72〕

格物要全面地做，此意只是說不能有偏差、漏洞。應接事物時，須是一個一個都要思考，若嫌事物粗、小而避之，則知識的累積終有欠缺。

④ 開始需要端緒

格物工夫之第四個原則，就是開始著力時，必須被「端緒」所領導。陽明之「庭前格竹」成爲後世之笑談，亦是因爲他無所端緒，懸空尋事，格不切己的事物之故。〔註73〕朱子說：

今日學者所謂格物，卻無一箇端緒，只是尋物去格。如宣王因見牛發不忍之心，此蓋端緒也。便就此廣充，直到無一物不被其澤，方是致與格，只是推致窮格到盡處。凡人各有箇見識，不可謂他全不知。……但不推致充廣，故其見識終只如此。須是因此端緒從而窮格之。未見端兒發見之時，且得恭敬涵養。有箇端兒發見，直是窮格去，亦不是懸空尋事物去格也。〔註74〕

如前所述，格物工夫就是在事物交至時才能開始的，故屬於已發工夫。事物未至、思慮未萌時，應該恭敬涵養，不要懸空尋事去格物。格物雖是主動地擴充知識的方法，但這不涵蘊著無事有事皆要去格。宣王是因見牛才發不忍之心，不是刻意去找牛來格的。人人先須要端緒，思慮之萌芽，有所感興趣，而後才能進行研究到盡處；若沒有端緒，沒有興趣，沒有親切之感，求知工夫則難進展下去，只會流於半途而廢之弊端。

⑤ 必先格完一件，才可格另一件

格物工夫之第五個原則，則是要格得完全及徹底，而後才能轉移到別的

〔註71〕《朱子語類》第十五卷。
〔註72〕《朱子語類》第十五卷。
〔註73〕參見錢穆著，《朱子新學案》第二冊，〈朱子論格物〉515頁。
〔註74〕《朱子語類》第十六卷。

事物上。這是很有趣的原則，而且是很重要的原則。朱子說：

> 格物者，格，盡也，須是窮盡事物之理。若是窮得三兩分，便未是格物。須是窮盡得到十分，方是格物。〔註75〕

所謂「窮盡事物之理」，不是指「量」上的周遍，而是指「質」上的徹底。在此，朱子有很嚴格的要求，即窮理時必須要窮得到十分，才算是眞正的格物。因爲格物是擴充之事的過程，所以學者們往往認爲，無論格得到三分或十分，皆是一種求知的過程。雖未到盡處，但企圖亦費心思，怎麼可能完全不算是格物工夫呢？朱子是順著《中庸》之道理。《中庸》第二十章曰：「博學之，審問之，愼思之，明辨之，篤行之。有弗學，學之弗能弗措也；有弗問，問之弗知弗措也；有弗思，思之弗得弗措也；有弗辨，辨之弗明弗措也；有弗行，行之弗篤弗措也。」除了篤行之外，博學、審問、愼思、明辨四者均是擴充知識之工夫，屬於格物之範圍。依《中庸》自強不息之精神，除非不學、不問、不想、不辨，要學、問、思、辨，則一定要做到盡處，絕不能放棄。未做到盡的工夫，在這種要求下，根本不算是眞實的學問，篤實的工夫。朱子又說：

> 致知格物，十事格得九事通透，不妨。一事只格得九分，一分不透，最不可。〔註76〕

這是有趣的原則。設想，考十科中，朱子寧可要九科的滿分和一科的零分，卻不要每科都拿九十分。但平均下來，前後者都是九十分，無有分別。朱子爲何說後者是「最不可」的呢？這是因爲前者反映著讀書人之篤實精神，而後者意味著苟且、自拋自棄之態度。格物不是同時間學習許多道理，而是一個一個地做下去；聖賢工夫不是一時的考試，而是「死而後已」之「重大己任」。如果每一事做到「差不多」而就心安理得的話，這便代表學者沒有恭敬專一的心態。《朱子語類》又云：

> 問：格物工夫未到得貫通，亦未害否？曰：這是甚說話！而今學者所以學，便須是到聖賢地位，不到不肯休，方是。但用工做向前去，但見前路茫茫地白，莫問程途，少間自能到。如何先立一箇不解不做得便休底規模放這裏了，如何做事！且下手要做十分，到了只做

〔註75〕《朱子語類》第十五卷。
〔註76〕《朱子語類》第十五卷。

得五六分；下手做五六分，到了只做了三四分；下手做三四分，便
無了。……聖賢所謂，必不如此。〔註77〕

無論格物工夫或居敬工夫，皆是爲了成聖成賢；任重道遠，不到不肯罷休。
若先立了做到五六分而滿足的心態，一無所成是不可避免的後果。學者的態
度應當是不顧途程之多遠，不問何時才能休息，而默默地、一步一步地做到
他應當做的事情。用力之久，自能到「眾物之表裡精粗無不到，吾心之全體
大用無不明」的「豁然貫通」之境界。

所謂「豁然貫通」是累積知識之後，貫通萬物之理的結果。伊川多次有
「今日格一件，明日格一件，積習既多，然後脫然自有貫通處」〔註78〕的說
法。朱子解釋說：「積習既多，自當脫然有貫通處。乃是零零碎碎湊合將來，
不知不覺，自然醒悟。」〔註79〕這裡所謂的「醒悟貫通」，不是神秘的內在經
驗，亦不是禪宗所謂的「頓悟」。這基本上是一種歸納、綜合的過程，如一旦
有了足夠的資料，則可發現貫串它們之邏輯。朱子說：

只是才過一事，即就一事究其理，少間多了，自然會貫通。如一案有
許多器用，逐一理會的，少間便自見得都是案上合有底物事。〔註80〕

須是逐一理會，少間多了，漸會貫通，兩個合做一個，少間又七、
八個合做一個，便都一齊通透了。伊川說貫通字最妙。〔註81〕

格物須是在已知（事物實然及事情之當然）的基礎上，逐漸發展出「兩個合
做一個，少間又七、八個合做一個」之綜合、歸納。譬如，從每個人不同的
形貌、言行中，可以找出「人之爲人」之共同處，即平常所謂之「人性」；人
和動物雖有「分殊之理」之不同，但推究其原，便得知「生命之理」之共同
點；而且，生命體雖與無生命體區別開來，仍可推究「存在之理」之共同點。
朱子云「理一分殊」，是對理氣而言，是「從大到小」地講。在此朱子云「豁
然貫通」，是對工夫而言，是「從小到大」地講。在格物工夫上，「豁然貫通」
所代表的意義，就是要學者以「豁然貫通」的境界爲學習的目標，保持自強
不息、要求十分完美之精神。

〔註77〕《朱子語類》第十五卷。
〔註78〕《二程遺書》卷十八。
〔註79〕《朱子語類》第十八卷。
〔註80〕《朱子語類》第十八卷。
〔註81〕《朱子語類》第十四卷。

（4）格物之目的

格物的主要目的在於擴充吾心之知識。這是前三節的討論中已數次談到，在此不必重複。這一節簡略地談及格物工夫之另一個目的，即作爲領導行爲之目的。

朱子講「先知後行」和「行重知輕」〔註82〕，並以表示雖「實踐道德」比「理會道德」來得重要，但實踐道德不能無標準可循。所以，只有先知道事物的當然之則，才能做出合乎當然之則的行爲；否則就不能使行爲處處符合事情之道理。朱子說：

> 余與公卿里平日說不同處，只是爭個讀書與不讀書，講究義理與不講究義理，如某便謂須當先知得方始行得。〔註83〕

> 他人須窮理，知其爲仁爲義，從而行之。〔註84〕

朱子重視力行，但力行之前不能不讀書，不能不講究義理。讀書、窮理、致知等是向外求知，但其目的不只在於擴充，且在於「尊其所聞，行其所知」。《朱子語類》載：

> 王德修相見，先生問德修和靖大概接引學者話頭如何，德修曰：先生只云在力行。曰：力行以前更有甚工夫？德修曰：尊其所聞，行其所知。曰：須是知得，方始行得。〔註85〕

> 王子充問：某在湖南見一先生，只教人踐履。曰：義理不明，如何踐履？曰：他說行得更見得。曰：如人行路，不見如何行？……自有一般資質好底人，便不須窮理格物致知，聖人作個《大學》，便使人齊入於聖賢之域。〔註86〕

人進行格物工夫時，如果「聞而不尊」、「知而不行」的話，這不是博學、愼思，這只是「外馳」，是沒有意義的。心是身體之主，心之知識應該善導身體之行爲。《朱子語類》記載：「問：格物則恐有外馳之病？曰：若合做，則雖

〔註82〕《朱子語類》第九卷云：「知、行常相須，如目無足不行，足無目不見。論先後，知爲先；論輕重，行爲重。」

〔註83〕《朱子語類》第一〇九卷。按陳來之考究（《朱熹哲學研究》，文津出版社，民國79年，284～285頁），這段話是朱子晚年，陸象山死後，陸氏門人包顯道率人至閩來學時，朱子一見面而說的。

〔註84〕《朱子語類》第五七卷。

〔註85〕《朱子語類》第一〇一卷。

〔註86〕《朱子語類》第九卷。

治國平天下之事，亦是己事。」〔註87〕由此可見，若「求知」不是單單爲了「致知」而求，而是爲了「踐行」而求的話，則治國平天下等大事便自然成爲自己的任務，格物窮理工夫因而有著深遠的意義。

3. 涵養窮理之內外合一

朱子的涵養（居敬）和窮理（格物）是互發的，相輔相成的。如前所述，居敬是向內的主宰工夫，格物是向外的認知工夫。朱子說「涵養窮索二者不可廢一，如車兩輪，如鳥兩翼」〔註88〕，以表示只要二者互爲基礎，才能達到內外合一，下學而上達之圓滿境界。朱子說：

> 主敬以立其本，窮理以進其知，使本立而知益明。知精而本益固。〔註89〕

> 主敬者存心之要，而致知者進學之功，二者交相發，則知日益明，守日益固。〔註90〕

> 學者工夫唯在居敬窮理二事，此二事互相發，能窮理則居敬工夫日益進，能居敬則窮理工夫日益密。譬如人之兩足，左足行則右足止，右足行則左足止。〔註91〕

> 窮理涵養，要當並進，蓋非稍有所知，無以致涵養之功，非深有所存，無以盡義理之奧。正當交相爲齊致其功。〔註92〕

以居敬工夫來養成學習的本領，而以窮理工夫來使內心之知識更爲豐富。只要養成好的本領，才能清明無暇地進行學習，而只要擴充知識以鞏固內心，人才能避免孤僻、偏差、狹窄的弊端。朱子又說：

> 涵養與窮理工夫皆要到。然存養中便有窮理工夫，窮理中便有存養工夫。窮理便是窮那存得底，存養便是養那窮得底。〔註93〕

> 窮其所養之理。養其所窮之理，兩項都不相離，纔見成兩處便不得。

〔註87〕《朱子語類》第十五卷。
〔註88〕《朱子語類》第九卷。
〔註89〕《程氏遺書後序》。
〔註90〕《朱子文集》卷三八，答徐元敏。
〔註91〕《朱子語類》第九卷。
〔註92〕《朱子文集》卷四五，答游誠之。
〔註93〕《朱子語類》第六三卷。

〔註94〕

在此，朱子說存養中有窮理工夫，而窮理中有存養工夫。但有時候朱子卻說
先要窮理，才能有東西可以收斂，所以窮理先於涵養工夫。《朱子語類》記載：

> 問致知涵養先後。曰：須先致知而後涵養。問：伊川言：「未有致知
> 而不在敬。」如何？曰：此是大綱說。要窮理，須是著意。不著意，
> 如何會理會得分曉。〔註95〕

> 萬事皆在窮理後。經不正，理不明，看如何地持守，也只是空。
> 〔註96〕

> 未能識得，涵養箇甚。〔註97〕

朱子雖說「先致知而後涵養」，但若無以涵養所養成的本領，進學亦是困難的。
「先致知」說，只是意謂「格物」先於《大學》的其他七條目，不代表此方
法可以獨立地進行。只要與居敬工夫並行，人可以達到內外合一、表裡如一、
既不外馳亦不狹窄的圓滿和諧的境界。故朱子曰：「主敬、窮理雖兩端，其實
一本。」〔註98〕

〔註94〕 《朱子語類》第六三卷。
〔註95〕 《朱子語類》第九卷。
〔註96〕 《朱子語類》第九卷。
〔註97〕 《朱子語類》第九卷。
〔註98〕 《朱子語類》第九卷。

結論　朱子倫理體系之綜合

　　一般的近代學者認爲，朱子是北宋五子（周濂溪、張橫渠、胡五峰、程明道、程伊川）哲理之集大成者，其地位可與孔子相比。〔註1〕大概而言，朱子繼承宋代「新儒學」〔註2〕的基本趨向，結合地講心性之「本體論」與理氣之「宇宙論」。嚴格而言，朱子只繼承了程伊川之義理脈絡：即，心性情三分、理氣二分之基本前提下，宇宙論地解釋本體道德之必然與絕對。〔註3〕

　　無論如何，朱子無疑是一位偉大的哲人，尤其他完成了儒家之另一系統，即以認知宇宙萬物之理（事物之理）來規範心性工夫之實踐〔註4〕之「他律道

〔註1〕譬如，錢穆先生在《朱子新學案》曰：「在中國歷史上，前古有孔子，近古有朱子。」

〔註2〕「新儒學」（Neo-Confucianism）一詞來自於西方，中國以前並無此名。宋明理學家之所以稱爲「新儒家」，並不因他們有「新」思想，而因他們辯斥佛老而重新恢復先秦儒家之精神。北宋五子及朱子皆重視《論語》、《孟子》、《中庸》、《大學》和《易傳》五部書，合稱爲儒家之經典。《論語》和《孟子》兩部心性本體論之色彩較重，而《中庸》和《易傳》兩部宇宙論（天命、天道）之色彩較重。至於《大學》，儒家本體論和宇宙論之色彩皆淡，但它仍然是儒家學問之《綱領》。

〔註3〕宋明儒之大宗實以《論語》、《孟子》、《中庸》及《易傳》爲中心，只伊川和朱子以《大學》爲中心。如第一章所述，儒家「正宗」是從心性本體之道德直覺談起，發展至宇宙萬物，絕對必然之境界，故若論經典之輕重，則《論語》和《孟子》之地位較爲重。伊川和朱子，尤其朱子編《四書》時，將《大學》放在首位，便可知對伊川、朱子而言，通過學問工夫，以認知宇宙萬物之性理之方法，來體驗本體之道德是非常重要的。

〔註4〕所謂「規範心性工夫之實踐」是較爲籠統的說法。實際上此是指「規範心氣之活動」。

德」系統。本文之第二章討論朱子心性論之義理，考察心性情三分之結構。第三章討論朱子理氣二分之義理，並探討理氣之本質、關係、特性及理氣與人物之基本關係。第四章敘述朱子之兩種工夫論，一為涵養察識（居敬）工夫，二為格物致知（窮理）工夫。在此我們簡略地談及，向內之居敬工夫和向外之窮理工夫需要互相發揮，如一鳥之兩個翅膀，兩方都要發用才可飛起。朱子心性論、理氣論和工夫論之聯繫，討論個別義理時，已或多或少提到，到此重新提出，頗有重複之感。

朱子編四書時，將《大學》放在首位，其次是《中庸》，《論語》和《孟子》則退在後面。不知朱子當時是否刻意地如此安排，但若觀察朱子倫理體系之大綱，就得知朱子的「天人合一」思想是從《大學》之格物窮理工夫出發，認知宇宙萬物之原理，並理會吾人心性之結構；此後依據《中庸》中和說發展出來的涵養察識工夫，收斂所認知、擴充之義理在吾心中，使之緊切、鞏固、親身體驗天道天理之絕對性。而親身體驗天道之過程中，以所認知的義理來領導、主宰吾心之感情和吾身之行為，實踐《論語》和《孟子》所述的種種道德行為之模範。〔註5〕不論自律道德系統或他律道德系統，凡是儒家，皆重視日常生活中的修養、實踐。朱子工夫論之內外合一，在認知主體實踐道德的意義上，保證主觀心性和客觀理氣之合一，並完成一種特殊的「天人合一」思想〔註6〕。

在本文之結論部分，我們簡單地整理朱子心性論、理氣論及工夫論之互相連貫性，並討論朱子倫理體系之綜合。第一節討論「格物」與「理一分殊」，以顯現工夫論與理氣論之綜合。第二節討論「涵養、察識」與「心統性情」，以說明工夫論與心性論之綜合。第三節探討朱子的「天人合一」思想，以凸顯心性論與理氣論之綜合。

〔註5〕對朱子而言，《論語》和《孟子》所提出的義理思想，是一種例子之列舉。朱子往往說聖人只言「分殊」，不言「理一」，如在《朱子語類》第二七章云：「聖人未嘗言理一，多只言分殊。」

〔註6〕所謂儒家「天人合一」思想，上源於《易經·乾卦傳》之「與天地合其德」。朱子之「天人合一」思想，並不符合程明道所謂「天人一也，更不分別」（《遺書》，二上）及「天人本無二，不必言合」（《遺書》，六）之本意。儒家正宗之「天人合一」思想，是就對心性天（理）之本一不分而說的，而朱子所謂「天人合一」是在心性二分、理氣二分之基礎上發展的，故曰朱子的「天人合一」思想為「特殊」。

1. 工夫論與理氣論之綜合——理一分殊

　　如第四章裡所述，朱子之格物窮理，是在小學時所學習的事物之實然與當然之基礎上，漸漸理會各種事物之理之共同性，歸納、綜合而體會萬物之本一。這就是理氣論中，從理會萬物之「分殊」理解其本原之「一理」。

　　在第三章已述，在本原上，只有一個太極之理；但因氣之不同，天理流行而化生萬物時，理乘氣之不同而成為萬物之「分理」。朱子說：

> 理只是這一個，道理則同，其分不同。君臣有君臣之理，父子有父子之理。〔註7〕

統而言之，仁義禮智信之道理，皆是善的道理，本出於天上之太極。分而言之，父子有親、君臣有義、夫婦有別、長幼有序、朋友有信。此分殊之異，不僅是理之用的不同，亦是理之體的不同。換言之，父子不是因有親之理才成為父子，君臣不是因有義之理才成為君臣，而是因已成為父子、已成為君臣，故應盡父子的道理，應盡君臣之道理，只有如此，才名符其實，順性盡心。朱子曰：

> 問：去歲聞先生曰，只是一個道理，其分不同，所謂分者，莫只是理一而其用不同？如君之仁、臣之敬、子之孝、父之慈、與國人交之信之類是也？曰：**其體已略不同。**君臣父子國人是體，仁敬慈孝與信是用。問：**體用皆易？**曰：如這片板，只是一個道理，這一路子恁地去，那一路子恁地去；如一所屋，只是一個道理，有廳有堂；如草木，只是一個道理，有桃有李；如這眾人，只是一個道理，有張三、有李四，李四不可為張三，張三不可為李四；如陰陽，《西銘》**言理一分殊，亦是如此。**〔註8〕

由此可見，萬事萬物不僅有分殊之氣，亦有分殊之理。張三有張三之理，李四有李四之理，人各有成為其人之理，我亦有成為吾身之理。我如何理會吾性？此亦須要格物窮理工夫。如第四章裡所述，格物之對象，不僅是外在的事物，亦是心、性、情等吾身之事。朱子說：

> 致知一章，此是大學最初下手處，若理會得透徹，後面便容易，故程子此處說得節目最多，皆是因人之資質耳。雖若不同，其實一也。見人之敏者太去理會外事，則教之使去父慈子孝處理會，曰：「若不

〔註7〕《朱子語類》第六卷。
〔註8〕《朱子語類》第六卷。

務此而徒欲泛然以觀萬物之理，則吾恐其如大軍之游騎，出太遠而無所歸」。若是人專只去裏面理會，則教之以「求之性情固切於身，然一草一木亦有理」。要之內事外事皆是自己合當理會底，但須是六、七分去裏面理會，三、四分去外面理會方可。〔註9〕

朱子的理氣論和格物論，強調窮究外在事物之理，似乎與吾心之道德本體無大關係。然而，朱子之重點與其他儒者一樣，落在道德本體與實踐的問題上。朱子的理氣論之終極目的在於說明道德本體之天上根源，從較廣大的角度來看人是與眾物不同，探究為什麼只有人可以（而且必要）實踐道德。朱子的格物論亦然，其主要目的不在於窮究外在事物之曲直，而在於窮究內在本分之道理。換言之，我生而具有許多「身分」，即成為兒子（女兒）、父親（母親）、君子、臣子、丈夫（妻子）、長輩、後輩、朋友等，須理會我扮演各種角色時應當遵守的許多道理（朱子所謂「父慈子孝處」）。但人畢竟在塵世中，若只理會固切於吾身之道理，而至於其他萬物之道理一無所知，則此人不能實現「成己成物」，不能使物歸於所宜之處，不能參與天地之生化萬物。故朱子提出「裏面七分、外面三分」之窮理原則，以表示格物之終極關懷仍在理會吾身之道德本體上。

無論理會裏面或外面，朱子堅持要窮究到歸納萬物之理為一，即達到「豁然貫通」之境界為止。從理氣論之角度看，此就是體會「理一」貫穿「分殊」。朱子說：

天下之理萬殊，然其歸則一而已，不容有二、三也。〔註10〕

問理一分殊。曰：聖人未嘗言理一，多只言分殊，蓋能於分殊中事事物物頭頭項項理會得其當然，然後方知理本一貫。〔註11〕

朱子為何如此強調，必是從分殊中理會「理本一貫」，而不是倒過來先認知理一呢？此乃因為，對朱子而言，理會到「理一」，即「豁然貫通」之境界，乃是聖人「知天命」或「上達」之境界。《朱子語類》載：

問：「五十知天命」，集注云：「天命，即天道也，事物所以當然之故也。」如何是「所以當然之故」？曰：如孝親悌長，此當然之事。推其所以然處，因甚如此？學者未便會知此理。聖人學力到此，此

〔註 9〕 《朱子語類》第十八卷。
〔註10〕 《朱子文集》卷六三，答余正甫。
〔註11〕 《朱子語類》第二七卷。

理洞然。它人用力久，亦須會到。〔註12〕

　　五十知天命。天命是這許多柄子，天命是源頭來處。

人之學問是從窮究分殊之理開始，自強不息，用功既久，則可以達到體會事事物物所以如此、所以當然之一個「源頭來處」。由此，我們不僅可以看出朱子工夫論（格物）與理氣論（理一分殊）之互相聯繫，亦可知朱子真正的用心不在於窮究外在事物之曲折之相，而是在於窮究萬物之所以然，以達到成德、成聖之目的。

2. 工夫論與心性論之綜合——心統性情

　　第四章已說明，在朱子的工夫論中，格物窮理是向外的認知工夫〔註13〕，涵養察識是向內之主宰工夫。對朱子的心性論而言，真正的內心本體之工夫，並不是格物致知，而是涵養察識。換言之，朱子心性情三分之結構，以「心統性情」來表示其分局之關連及合一。而心之所以能夠統攝性情，不是因為心求知性體〔註14〕，窮究情感〔註15〕，而是因為靜時涵養性之體，動時察識情之用，以敬貫通動靜之故。關於「心統性情」，朱子曰：

　　心統性情，統猶兼也。〔註16〕

　　性者，理也。性是體，情是用。性情皆出于心，故心能統之。統，
　　如統兵之統，言有以主之也。〔註17〕

　　性其理，情其用，心者兼性情而言，兼性情而言者，包括乎性情也。

〔註18〕

〔註12〕《朱子語類》第二三卷。

〔註13〕雖然朱子說「要去裏面理會」，但「理會」工夫本身就是從一心去獲得、擴充它本不明之道理。在此所謂「裏面」不是察識內心之情感或存養內在之性體，而只是「固切於身」之道理，如我之所以為「兒子」、「父親」等。在要「去理會」的意義上，格物工夫皆可謂是「向外」的工夫。

〔註14〕朱子反對「求中」，即懸空尋事地求知性之體。《朱子語類》第六二卷云：「其病根正在欲於未發之前，求見夫所謂中者而執之，是以屢言之而病愈甚。」但朱子的格物論中，他亦提出「認知」性體、仁體。這是將吾身之性視為如外在的事物，窮究其「名目上之定義」，不能成為真正的心性工夫。

〔註15〕情感是已經發出來的，故朱子曰「不容安排」。情感是須要省察、反省及察識的，不是要追求、窮究的。

〔註16〕《朱子語類》第九八卷。

〔註17〕《朱子語類》第九八卷。

〔註18〕《朱子語類》第二十卷。

所謂「心統性情」，是指心「兼全」、「包括」、「統攝」、「管攝」之意。心之所以為性情之「主」，不是因為它自有道德決定、判斷、創造之能力，而是因為它依傍性之理，本體之準則來運用、主宰、控制所發出來的情感之方向（喜其所當喜、怒其所當怒）及程度（防止急迫、浮淺，保持雍容、深厚）。順此意，朱子曰：

> 仁義禮智，性也；惻隱羞惡辭讓是非，情也。以仁愛，以義惡，以禮讓，以智知者，心也。性者心之理也，情者心之用也，心者性情之主也。程子曰：「其體則謂之易，其理則謂之道，其用則謂之神」，正謂此也。〔註19〕

心是「以仁愛、以義惡、以禮讓、以智知者」，即，以理之體來發出情之用者。對修養工夫而言，心如何兼統體用、貫通性情呢？朱子言：

> 「易」之為義乃只流行變易之體而言，此體生生，元無間斷，但其間一動一靜相為始終耳。程子曰：「上天之載，無聲無臭，其體則謂之易，其理則謂之道，其用則謂之神」，正謂此也。此體在人則心是已，其理則所謂性，其用則所謂情，其動靜則所謂未發已發之時也。此其為天人之分雖殊，然靜而此理已具，動而此用實行，則其為易一也。〔註20〕

心是流行變易之體，自有一動一靜之變化。動就是所謂「已發」之時，靜就是所謂「未發」之時。靜時其理（性）已具，動時其用（情）實行。如前所述，事情未至、思慮未萌之「未發」之時，需要收斂身心，使心清明無念，如鏡之明；亦要安寧平定，如水之止。此就是涵養（存養）心所「已具」之性體工夫。事情交至、思慮萌發之「已發」之時，需要專心一念地從事，並反省所「實行」之情感是否歸於其所攸歸之處，是否保持溫和，無過無不及之品格。無論靜時或動時，吾心必須始終維持恭敬、敬畏之態度；敬無所謂動靜，心無所謂間斷，此乃是工夫論之所謂「敬貫動靜」，心性論所謂「心統性情」。

3. 心性論與理氣論之綜合——天人合一

朱子工夫論之綜合，即向內之居敬工夫和向外之窮理工夫之並行，間接地涉及本體論與宇宙論之綜合，表示「天人合一」之涵意。朱子的心性論和

〔註19〕《朱子文集》卷六七，〈元亨利貞說〉。
〔註20〕《朱子文集》卷四五，答吳德夫。

理氣論，就直接地講「天人合一」。對朱子而言，人之心和情就是天上之氣，人之性就是天上之理。朱子說：「所覺者，心之理也。能覺者，氣之靈也。」〔註21〕人物稟受天之理而成爲其性，稟受天之氣而成爲其形。

　　儒家天人合一之思想，上源於《易經·乾卦傳》之「與天地合其德」與《中庸》之「與天地參」。宋代程明道云：「天人一也，更不分別」〔註22〕，「天人無間斷」〔註23〕及「天人本無二，不必言合」〔註24〕。此意本是天道和人道之本一，吾心所覺之道德情感，即是性體、天理、道德本體。但朱子所謂之「天人合一」，並不是由內心之情感談起，而是由天之賦予萬物之性體談起。

　　朱子所謂「天人合一」有兩層意義。一是人心生而具有眾理（具理義），生而即有活動之功能（生生義）。在此意義上，人與其他萬物無所分別；不論多麼「極小極賤」之事物如枯槁，皆稟受天地之理以爲其性，稟受天地之氣以爲其心（形）。《朱子文集》載：

> 問：天未始不爲人，而人未始不爲天。曰：天即人，人即天。人之始生，得于天也。既生此人，則天又在人矣，凡語言動作視聽，皆天也。〔註25〕

朱子又曰：

> 天地以生物爲心者，而人物之生，又各得夫天地之心以爲心者也。……論人心之妙者則曰仁。〔註26〕

此是由人物之生，萬物之存在說「天之在人物」。在道德實踐之論題上，此並無大意義。然朱子亦有另一層「天人合一」之思想，即由「人爲萬物之靈」言人能夠參與天之生化萬物。周濂溪《太極圖說》云：「二氣交感，化生萬物。萬物生生，而變化無窮焉，惟人也得其秀而最靈」，而朱子釋之云：

> 蓋人物之生，莫不有太極之道焉。然陰陽五行，氣質交運，而人之所稟，獨得其秀。故其心爲最靈，而存以不失其性之全。所謂天地之心，而人之極也。〔註27〕

〔註21〕《朱子語類》第六卷。
〔註22〕《遺書》，二上。
〔註23〕《遺書》，二上。
〔註24〕《遺書》，六。
〔註25〕《朱子語類》第二五卷。
〔註26〕《朱子文集》卷六七，〈仁說〉。
〔註27〕《朱子語類》第九四卷。

人是唯一能夠克己、自我控制的生物。人獨稟受天理之全體,其性固有仁義禮智之兼全。人雖有氣之偏差,但仍有克己復禮之能力,認知理而主宰情,知理而行道。在第三章所述的人心之「知覺義」和「主宰義」,乃是人獨有的;在此意義上,實踐道德以呈現人之本性,乃是「參與天之生化萬物」之實意。朱子曰:

> 天下只有一箇正當道理,循理而行,便是天。〔註28〕

> 性以賦於我之分而言,天以公共道理而言。天便脫模,是一箇大抵人,人便是一箇小底天。〔註29〕

人通過格物窮理,認知天地萬物之一源,並認知吾身之所以然與所當然;此後將此理涵養在吾心中,而隨時隨事察識吾心之情感與吾身之行為是否順性如理合道。順理而行,實踐正當道理,人便是天,一個小的天。

〔註28〕《朱子語類》第十七卷。
〔註29〕《朱子語類》第六〇卷。

參考文獻

一、原典

1. ———，《尚書》，台北：藝文印書館，民國 71 年。

2. ———，《周易》，台北：藝文印書館，民國 71 年。

3. ———，《左傳》，台北：藝文印書館，民國 71 年。

4. ———，《禮記》，台北：藝文印書館，民國 71 年。

5. 朱　熹，《朱子文集》全十冊，台北：德富古籍叢刊，民國 89 年。

6. ———，《朱子語類》全八冊，〔宋〕黎靖德編，台北：華世出版社，民國 75 年。

7. ———，《四書章句集解》，台北：鵝湖出版社，民國 73 年。

8. ———，《近思錄集解》，台北：世界書局，民國 64 年。

9. ———，《四書或問》，漢城：保景出版社，1996 年。

10. 程顥、程頤，《二程集》（或《二程遺書》）全二冊，台北：漢京文化事業公司，民國 72 年。

11. 黃宗羲，《宋元學案》上、下冊，台北：世界書局，民國 72 年。

12. 張　載，《張載集》，台北：漢京文化事業公司，民國 72 年。

二、中文專書

1. 熊十力，《讀經示要》，台北：明文書局，民國 76 年。

2. ———，《新唯識論》，台北：文津出版社，民國 75 年。

3. ———，《原儒》，台北：明文書局，民國 77 年。

4. 方東美，《生生之德》，台北：黎明文化事業公司，民國 68 年。

5. ———，《中國人生哲學》，台北：黎明文化事業公司，民國 69 年。

6. ———，《原始儒家道家哲學》，台北：黎明文化事業公司，民國 72 年。

7. 唐君毅，《中國哲學原論》〈導論篇〉，台北：學生書局，民國 73 年。

8. ———，《中國哲學原論》〈原性篇〉，台北：學生書局，民國 73 年。

9. ———，《中國哲學原論》〈原道篇〉卷 1～3，台北：學生書局，民國 73 年。

10. ———，《中國哲學原論》〈原教篇〉，台北：學生書局，民國 73 年。

11. ———，《道德自我之建立》，台北：學生書局，民國 74 年。

12. ———，《中國人文精神之發展》，台北：學生書局，民國 77 年。

13. ———，《人文精神之重建》，台北：學生書局，民國 79 年。

14. 徐復觀，《中國人性論史》〈先秦篇〉，台北：商務印書館，民國 73 年。

15. 牟宗三，《心體與性體》全三冊，台北：正中書局，民國 75 年。

16. ———，《從陸象山到劉蕺山》，台北：學生書局，民國 73 年。

17. ———，《中國哲學的特質》，台北：學生書局，民國 71 年。

18. ———，《中國哲學十九講》，台北：學生書局，民國 75 年。

19. ———，《智的直覺與中國哲學》，台北：商務印書館，民國 76 年。

20. ———，《原善論》，台北：學生書局，民國 74 年。

21. ———，《現象與物自身》，台北：學生書局，民國 79 年。

22. ———，《中西哲學之會通十四講》，台北：學生書局，民國 79 年。

23. ———，《生命的學問》，台北：三民書局，民國 80 年。

24. ———，《四因說演講錄》，台北：鵝湖出版社，民國 86 年。

25. 蔡仁厚，《宋明理學》〈北宋篇〉，台北：學生書局，民國 72 年。

26. ———，《宋明理學》〈南宋篇〉，台北：學生書局，民國 72 年。

27. ———，《儒家心性之學論要》，台北：文津出版社，民國 79 年。

28. ———，《儒家思想之現代意義》，台北：文津出版社，民國 76 年。

29. ———，《儒家的常與變》，台北：東大圖書公司，民國 79 年。

30. ———，《新儒家的精神方向》，台北：學生書局，民國 73 年。

31. ———，《中國哲學的反省與新生》，台北：正中書局，民國 83 年。

32. ———，《中國哲學史大綱》，台北：學生書局，民國 77 年。

33. ———，《孔孟荀哲學》，台北：學生書局，民國 73 年。

34. ———，《孔子的生命境界》，台北：學生書局，民國 87 年。

35. ———，《王陽明哲學》，台北：三民書局，民國 72 年。

36. 錢　穆，《朱子新學案》全五冊，台北：三民書局，民國 71 年。

37. ───，《宋明理學概述》，台北：學生書局，民國 73 年。

38. ───，《四書釋義》，台北：學生書局，民國 82 年。

39. 陳　來，《朱熹哲學研究》，台北：文津出版社，民國 79 年。

40. ───，《朱子書信編年考証》，上海：上海人民出版社，1989 年。

41. ───，《宋明理學》，遼寧：遼寧教育出版社，1991 年。

42. ───，《哲學與傳統──現代儒家哲學與現代中國文化》，台北：

43. 允晨文化實業公司，民國 83 年。

44. 楊祖漢，《儒家與康德的道德哲學》，台北：文津出版社，民國 76 年。

45. ───，《儒家的心學傳統》，台北：文津出版社，民國 81 年。

46. ───，《中庸義理諒解》，台北：鵝湖出版社，民國 73 年。

47. ───、王邦雄、曾昭旭，《論語義理諒解》，台北：鵝湖出版社，民國 83 年。

48. ───、王邦雄、曾昭旭，《孟子義理諒解》，台北：鵝湖出版社，民國 72 年。

49. 羅　光，《儒家形上學》，台北：學生書局，民國 80 年。

50. ───，《中國哲學思想史》，台北：，學生書局，民國 76 年。

51. 李明輝，《儒學與現代意識》，台北：文津出版社，民國 76 年。

52. ───，《儒家與康德》，台北：聯經出版社，民國 79 年。

53. ───，《康德倫理學與孟子道德思考之重建》，台北：中央研究院，民國 83 年。

54. 張立文，《宋明理學邏輯結構的演化》，台北：萬卷樓發行，民國 82 年。

55. ───，《中國哲學範疇導論》，台北：三民書局，民國 82 年。

56. 蒙培元，《理學的演變》，台北：文津出版社，民國 79 年。

57. ───，《中國心性論》，台北：學生書局，民國 79 年。

58. ───，《理學範疇系統》，北京：人民出版社，1997 年。

59. 陳榮捷，《近思錄詳註集評》，台北：學生書局，民國 81 年。

60. 劉述先，《朱子哲學的反省與新生》，台北：學生書局，民國 83 年。

61. 謝仲明，《儒家與現代世界》，台北：學生書局，民國 80 年。

62. 金春峰，《朱熹哲學思想》，台北：東大圖書公司，民國 87 年。

63. 周天令，《朱子道德哲學研究》，台北：文津出版社，民國 88 年。

64. 田　浩，《朱熹的思維世界》，台北：允晨叢刊，民國 85 年。

65. 鄺止人，《康德倫理學原理》，台北：文津出版社，民國 84 年。

66. 岑溢成，《大學義理諒解》，台北：鵝湖出版社，民國 72 年。

67. 林火旺，《倫理學》，台北：五南圖書出版公司，民國 88 年。

68. 盧雪崑，《儒家的心性學與道德形上學》，台北：文津出版社，民國 80 年。

69. 高全喜，《理心之間：朱熹和陸九淵的理學》，台北：錦繡千書，民國 81 年。

70. 馮達文，《宋明新儒學略論》，廣東：廣東人民出版社，1997 年。

71. 高令印、陳其芳，《福建朱子學》，福建：福建人民出版社，1986 年。

72. 程梅花，《內聖外王》，山東：泰山出版社，1998 年。

73. 呂思勉，《理學綱要》，北京：東方出版社，1996 年。

74. 顏炳罡，《當代新儒學引論》，北京：北京圖書館出版社，1997 年。

75. 勞思光，《中國哲學史》全四冊，台北：三民書局，民國 87 年。

76. 范壽康，《中國哲學史綱要》，台北：台灣開明書店，民國 53 年。

77. 黃慶明，《實然應然問題探微》，台北：鵝湖出版社，民國 74 年。

78. 唐宇元，《中國倫理思想史》，台北：文津出版社，民國 85 年。

79. 葛榮晉，《中國哲學範疇導論》，台北：萬卷樓圖書公司，民國 82 年。

80. 馮友蘭，《中國哲學史新編》，台北：藍燈文化事業公司，民國 80 年。

三、外文專書及翻譯本

1. Ackrill，J.L. ed. *A New Aristotle Reader*. Princeton，NJ：Princeton University Press，1987.

2. Alasdair，MacIntyre. *After Virtue*. Indiana，Notre Dame：University of Notre Dame Press，1981.

3. Brandauer，Frederick P. and Huang，Chun-chieh ed. *Imperial Rulership and Cultural Change in Traditional China*. U.S.A.：The University of Washington Press，1994.

4. Chan，Wing-tsit. *Chu Hsi：Life and Thought*. Hong Kong：The Chinese University Press，1987.

5. Crisp，Roger and Slote，Michael ed. *Virtue Ethics*. New York：Oxford University Press，1997.

6. Hume，David. *Treatise of Human Nature*. Edited by L.A. Selby-Bigge and Peter H. Nidditch. London：Oxford University Press，1978.

7. Grotius，Hugo. *On the Law of War and Peace*. Translated by Francis W. Kelsey. London：Oxford University Press，1925.

8. Kellenberger，J. *Relationship Morality*. Pennsylvania：The Pennsylvania State University Press，1995.

9. Muller，Max. *Existenzphilosophieim geistigen Leben der Gegenwart*. Heidelberg：F.H. Kerle Verlag，1958.

10. Munro，Donald J. *Images of Human Nature*. New Jersey：Princeton University Press，1988.

11. Perkins，William. *The Whole Treatise of Cases of Conscience*. Edited by Thomas F. Merril. Nieuwkoop，1966.

12. Pojman，Louis ed. *Ethical Theory*. Belmont，California：Wadswort Publishing Company，1989.

13. Rachels，James. *The Elements of Moral Philosophy*（2nd Edition）. U.S.A.：McGraw-Hill Inc.，1993.

14. Schwartz，Benjamin I. *The World of Thought in Ancient China*. Cambridge，Massachusetts：Harvard University Press，1985.

15. Tuck，Richard. *Natural Right Theories*. London：Cambridge University Press，1979.

16. Windelband，Wilhelm. *A History of Philosophy*. Translated by James H. Tufts. New York：MacMillan Company，1901.

17. 柳仁熙，《朱子哲學與中國哲學》（韓文），漢城：汎學社，1980 年。

18. 〔英〕Sidwick，Henry，廖申白譯，《倫理學方法》，台北：淑馨出版社，民國 84 年。

19. 〔英〕Moore，G.E.，蔡坤鴻譯，《倫理學原理》，台北：聯經出版事業公司，民國 81 年。

20. 〔德〕Paulsen，Friedrich，何懷宏、廖申白譯，《倫理學體系》，台北：淑馨出版社，民國 78 年。

21. 〔德〕Fichte，Johann Gottlieb，梁志學、李理譯，《倫理學體系》，北京：中國社會科學出版社，1995 年。

22. 〔美〕Beauchamp，Tom L.，雷克勸、郭夏娟等譯，《哲學的倫理學——道德哲學引論》，北京：中國社會科學出版社，1990 年。

四、論文集

1. 牟宗三等，《寂寞的新儒家》，台北：鵝湖出版社，民國 81 年。

2. 鍾彩鈞（主編），《國際朱子學會議論文集》上下冊，台北：中央研究院，民國 82 年。

3. 馮炳奎等，中華民國孔孟學會主編，《宋明理學研究論集》，台北：黎明文化事業公司，民國 72 年。

4. 楊曉塘（主編），《程朱思想新論》，北京：人民出版社，1999 年。

5. 李明輝（主編），《儒家思想在現代東亞》，台北：中央研究院，民國 87 年。

6. 劉述先（主編），《儒家思想與現代世界》，台北：中央研究院，民國 86 年。

7. 牟宗三等，《當代新儒學論文集‧總論篇》，台北：文津出版社，民國 80 年。

8. 周群振等，《當代新儒學論文集‧內聖篇》，台北：文津出版社，民國 80 年。

9. 劉述先等，《當代新儒學論文集‧外王篇》，台北：文津出版社，民國 80 年。

10. 侯外廬等主編，《宋明理學史》上、下冊，北京：人民出版社，1997 年。

11. 陳榮捷（編著），《中國哲學文獻選編》上、下，台北：巨流圖書公司，

12. 民國 82 年。

13. 韋政通（編者），《中國哲學辭典大全》，台北：水牛出版社，民國 80 年。

五、個別論文

1. 牟宗三，〈儒家的道德的形上學〉，《寂寞的新儒家》，1～16 頁。

2. 唐君毅，〈孔子在中國歷史文化中的地位的形成〉，《寂寞的新儒家》，17～24 頁。

3. 蔡仁厚，〈了解儒家學問的幾個要點〉，《寂寞的新儒家》，25～38 頁。

4. 劉述先，〈有關理學的幾個重要問題的再反思〉，《國際朱子學會議論文集》，261～279 頁。

5. 成中英，〈論朱子哲學的理學定位與其內涵的圓融和條貫問題〉，《國際朱子學會議論文集》，295～340 頁。

6. 董金裕，〈朱熹的氣強理弱說及其地位〉，《國際朱子學會議論文集》，387～402 頁。

7. 蒙培元，〈朱熹的心靈境界說〉，《國際朱子學會議論文集》，417～436 頁。

8. 馮耀明，〈朱熹心性論的重建〉，《國際朱子學會議論文集》，437～462 頁。

9. 張立文，〈未發已發論之縱貫——朱子參究未發已發論之挫折、轉變和影響〉，《國際朱子學會議論文集》，497～520 頁。

10. 李明輝，〈朱子論惡之根源〉，《國際朱子學會議論文集》，551～580 頁。

11. 蔡仁厚，〈朱子的工夫論〉，《國際朱子學會議論文集》，581～598 頁。

12. 田浩，〈仁說：朱熹與張栻論仁〉，《國際朱子學會議論文集》，599～614 頁。

13. 孫振青，〈朱熹的理氣概念與亞里斯多德的形質概念之比較〉，《國際朱子學會議論文集》，749～768 頁。

14. 張立文，〈程朱思想的時代精神〉，《程朱思想新論》，1～8 頁。

15. 柳仁熙，〈展望程朱理學與東亞細亞哲學的前景〉，《程朱思想新論》，151～167 頁。

16. 牟宗三，〈客觀的了解與中國文化之再造〉，《當代新儒學論文集・總論篇》，1～20 頁。

17. 蔡仁厚，〈中國哲學的反省與新生〉，《當代新儒學論文集・總論篇》，21～42 頁。

18. Anscombe，G.E.M."Modern Moral Philosophy，" *Philosophy*，33（1958）.

19. Frankena，William."A Critique of Virtue-Based Ethical System，" in *Ethical Theory*（Belmont，Wadswort Publishing Company，1989）.

20. Louden，Robert B."On Some Vices of Virtue Ethics," *American Philosophical Quarterly*，21（1984）.

21. McDowell，John."Virtue and Reason，" *The Monist*，62（1979）.

22. Schneewind，Jerome B."The Misfortunes of Virtue，" *Ethics*，101（1990）.

23. Slote，Michael. "Agent-Based Virtue Ethics" *Midwest Studies in Philosophy*，20（1995）.

24. Stocker，Michael."The Schizophrenia of Modern Ethical Theories"，*Journal of Philosophy*，73（1976）.

25. Wolf，Susan."Moral Saints"，*Journal of Philosophy*，79（1982）.